ＪＲ飯田線沿線

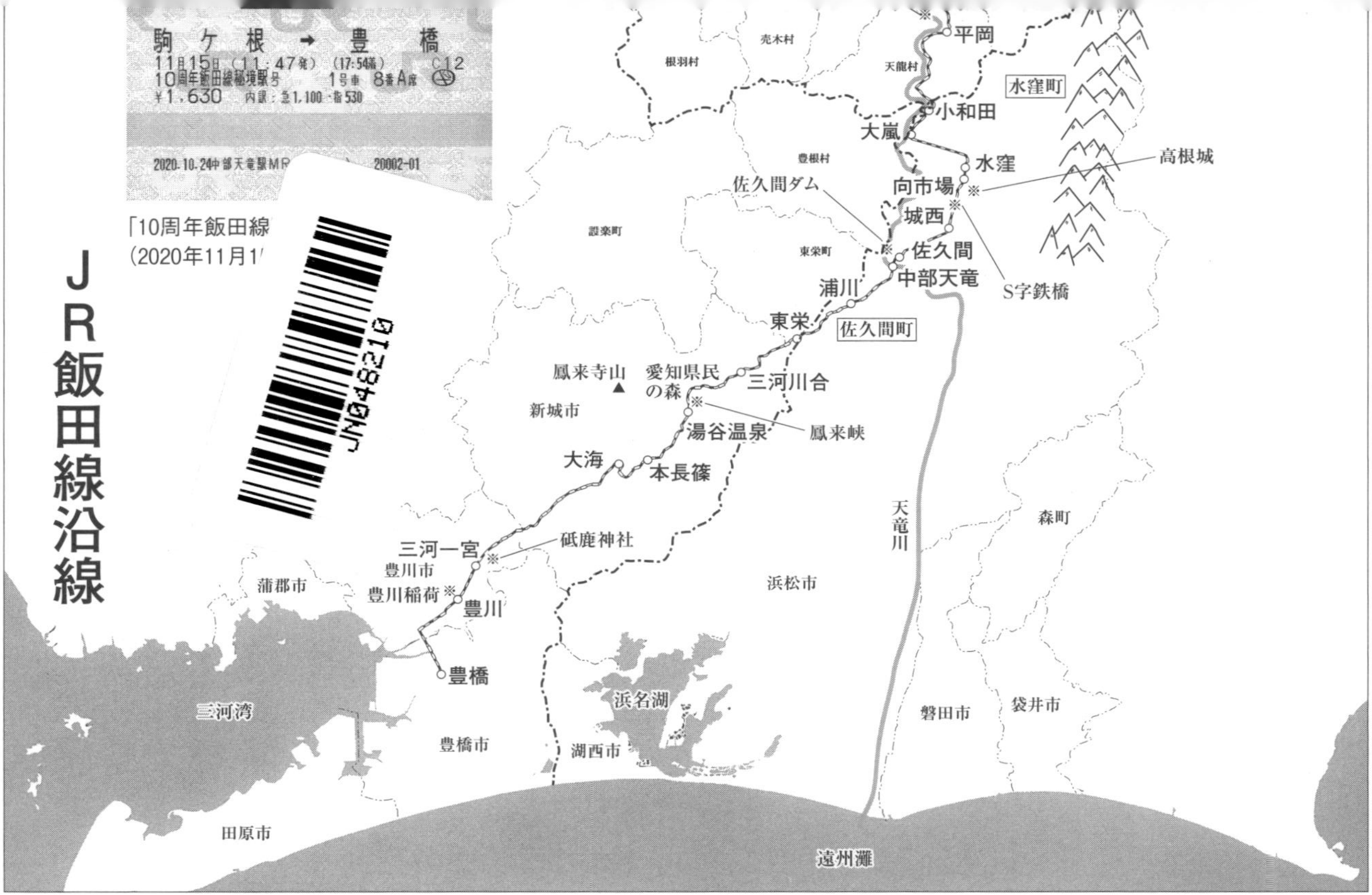

「10周年飯田線
（2020年11月1

飯田線に魅せられて

線路《ものがたり》は続く、どこまでも

太田朋子・神川靖子

万古川橋梁を渡る「ドクター東海」（撮影：さとうあつこ）

新評論

木曽山脈を背景に。大田切駅ー宮田駅間（撮影：大野秀一・2007 年）

トンネルから出る秘境駅号。為栗駅（撮影：さとうあつこ）

船から見る門谷川橋梁（撮影：大沢健二）

秘境駅号

七久保駅。列車が見える蕎麦屋

大嵐駅近くにある佐久間ダム湖の階段

三河槙原駅の桜
（撮影：さとうあつこ）

新緑の水窪川鉄橋（撮影：大野秀一・1993 年）

まえがき

（神川靖子）

日本には、約二〇〇〇万人と推定されている鉄道ファンがいると聞きます。「乗り鉄」、「撮り鉄」、「歴史鉄」、「廃鉄」など、みなさん、さまざまな視点から鉄道というものを楽しまれているようです。

前著『飯田線ものがたり』（太田朋子・神川靖子著、新評論、二〇一七年）では、私たちが住んでいる地域の生活に密着したローカル線である飯田線にアイヌ民族の川村カ子ト(1)（一八九三〜一九七七）がかかわっていたことに興味をもったことが旅のはじまりでした。

三信鉄道測量士であった川村カ子ト
（提供：泰阜村教育委員会）

（1）　ＪＲ飯田線の前身の一つである三信鉄道を開通する難工事に挑んだアイヌ民族の測量技師です。前著では『カネト――炎のアイヌ魂』（沢田猛、ひくまの出版、一九八三年）や「合唱劇カネト」を重点に取り上げたため「カネト」と表記しましたが、本書では「カ子ト」で統一します。さらに詳しくは、『飯田線ものがたり』を参照していただきたいですが、本書においても随時紹介していきます。

「秘境駅号」にカメラを向ける撮り鉄

飯田線ものがたり
川村カネトがつないだレールに乗って
太田朋子・神川靖子
6時間半のドラマ、
「秘境駅」をつなぐレールに伝えたい物語があった！
祝！全線開通80周年

『飯田線ものがたり』の書影

「鉄道ファン」と言えるほど鉄道に詳しくない私たちは、「鉄子」と名乗るにはおこがましいのですが、鉄道にまつわる物語や歴史に出合って心を揺さぶられ、行動してきました。そんな自分たちを客観視したとき、一風変わった「鉄」に映るのではないかと思いつき、いつの日からか、私たちは自らを「オバ（おばさん）鉄」と名乗って楽しんできました。

「オバ鉄」、決して自虐的な言葉ではありません。むしろ、年齢や性別にとらわれずに鉄道を楽しむという自由な精神を表現していると私たちは思っています。『飯田線ものがたり』の続編とも言える本著を執筆することになったのも、「オバ鉄」の特質だと言えます。というのも、欲張りな好奇心や、私たちに学ぶ機会を与えてくれた多くの方々とのご縁に報いたいという思いがあるからです。

ＪＲ飯田線の旅を通して、「オバ鉄」の人生観や価値観の変化も感じていただけたらうれしいです。

『飯田線ものがたり――川村カネトがつないだレールに乗って』の刊行

二〇一七年三月一八日、私たちは飯田線の本長篠駅からほど近い内金隧道《うちがねずいどう》の入り口にいました。一九六八（昭和四三）年に廃線となった旧豊橋鉄道田口線のトンネルです。旧田口線沿線に植えられている河津桜が咲いたということを耳にし、二人で立ち寄ったのです。実はこのとき、前著『飯田線ものがたり』の原稿を書き上げる直前でした。

飯田線の敷設に尽力したアイヌ民族の酋長、川村カ子トの功績を地域に伝えたいと行動を起こしたのが二〇一六年三月です。そのときから、ちょうど一年が経っていました。慌ただしくもありましたが、本当に内容の濃い一年でした。同年六月には、「合唱劇カネト水窪公演」を浜松市水窪文化会館において開催もしています。

このようなことがきっかけとなって、川村カ子トを軸にして飯田線の歴史について学びはじめたわけですが、気付いたときには飯田線にすっかり魅了されていました。そして、知人を通して私たちのことを知った新評論の武市一幸さんから出版の話が舞いこみ、二人で執筆をはじめ、ようやくそのゴールが見えてひと息ついたところで桜を観に行ったわけです。

二人が立っているのは内金隧道の北側です。そこから反対側をのぞくと、出口の先に河津桜が立っています。ＳＮＳ映えするスポットとしても人気の場所だということで、早朝にもかかわらず一〇人ぐらいの人がカメラを構えていました。

「ようやくゴールが見えてきましたね」

どちらが先に言ったのかは忘れてしまいましたが、この場所で、このような会話を交わしたことは覚えています。トンネルの向こうに見える河津桜を目にして、二人とも感慨にふけっていたのだと思います。あとひと息で執筆が終わる、ようやく本ができ上がる——そんな晴れやかな気分となる春の朝でした。

「さて、これからがスタートですよ」

数日後に原稿を渡し、そこでゴールだと思っていた私たちは、武市さんからの思いもよらない言葉を聞いて目を丸くしてしまいました。正直に言うと、このとき私は、武市さんが話す言葉の意味を理解していませんでした。

そして、飯田線全線開通八〇周年の二〇一七年七月、予定どおり『飯田線ものがたり』が刊行されました。鮮やかな新緑の渓谷を電車が走っていく写真（さとうあつこ撮影）が表紙を飾り、カラー印刷の口絵には、旧田口線のトンネル越しに見える河津桜の写真も掲載されました。

感激という喜びに浸る間もなく、私たちには、予想もしていなかった出来事が次々と起こりはじめました。数社の新聞社から取材の申し込みを受けたことをはじめとして、八月五日には、丸善名古屋本店のイベントスペースにおいて飯田線に関するトークショーが開催されることになっ

佐久間図書館でのライブラリートーク（提供：佐久間図書館）

たほか、一二月一七日には浜松市立佐久間図書館、一二月二三日には浜松市立中央図書館にも招かれるなど、数々のイベントが続いたのです。

その都度、『飯田線ものがたり』の読者や飯田線を知る人からさまざまな情報をいただき、新しいご縁が広がっていきました。そのなかには、前著では書ききれなかった新たな物語との出合いもありました。一冊にまとめたという達成感は、所詮「入り口」にすぎなかったのです。今思えば、武市さんの言葉どおり、刊行してからが「幕開け」だったと言えます。

「伊那 Valley 映画祭」

このような私たちでしたが、刊行から三年が経つころには飯田線から少し遠ざかっていました。そんなとき、武市さんから久しぶりに電話をいただきました。

「二〇二〇年一一月一二日から一四日の三日間、長野県伊那市で開催される『伊那 Valley 映画祭』に招待されましたが、参加できますか？」

二人のスケジュールの都合から、会場へ向かう日は分かれました。しかし、映画祭の最終日に

会場となった「かんてんぱぱ」

は私たちも登壇するというプログラムになっていたので、私は最終日にだけ参加することにしました。もちろん、緊張を強いられる場となりますが、喜んで引き受けることにしたのです。

　会場は、伊那市にある「かんてんぱぱ」の西ホールです。私はというと、もちろん飯田線で伊那市の会場まで向かいました。

　この年の「伊那Valley映画祭」は、「より豊かな未来を築くために、足元の生活、文化、歴史、民俗、その風土に目を向け、伊那Valleyの宝物、地域の価値を見出す映画祭」をキャッチコピーに、二回目の開催となります。

　一一月一四日の午後は、「アイヌと伊那谷」がテーマで、『こころのレールをつないで――川村カネトと飯田線誕生物語』（長野放送制作、一九九三年）と『熊祭――北海道旭川アイヌ』（主宰川村カ子ト、祭主川村イタキシロマ、一九三五年）が上映されました。そのなかで、自分の名前について語る川村カ子トの肉声を聞くことができました。また、上映後には、北海道から「川村カ子トアイヌ記念館」の副館長である川村久恵さんが、ズームによるオンライン出演をされました。

　実は、このときに上映された『こころのレールをつないで――川村カネトと飯田線誕生物語』は、私たちが川村カ子トについて学び出したころ、参考資料として探していた映像でした（『飯田線ものがたり』のなかでも紹介しています）。この日に知ったことですが、この映像を制作したのは長野放送の太田耕司さんという方で、映画祭にも来られていました。まさか、三年後に、ご本人にお会いできるとは……。前著を執筆していたころには考えてもみないことでした。

そして、のちに本書でも紹介しますが、彼の甥にあたる人、映画監督の太田信吾さんともこの映画祭の三年後に小和田《こわだ》駅で出会っています。本書では、太田信吾さんの映画づくりを通して、秘境駅や沿線の魅力にも迫っていくことになります。

急行「飯田線秘境駅号」

「伊那 Valley 映画祭」の帰りに乗った急行「飯田線秘境駅号」（以下、秘境駅号と略）[2]、二人で乗ったこの観光列車にも私たちは強く心を動かされました。

飯田線秘境駅号

（2）毎年、春と秋を中心に「豊橋駅－飯田駅」区間で運行される観光列車。秘境駅のなかでも人気となっている駅を効率よくめぐることができるほか、駅やその周辺の観光も楽しめます。

二〇二〇年は、秘境駅号が一〇周年を迎える年でした。切符の発売は一か月前の午前一〇時、予想どおり、時報とともに完売でした。キャンセル待ちでなんとか手に入れたのですが、あまりの人気ぶりに圧倒されました。

『飯田線ものがたり』を執筆していたころは、秘境駅の閑散とした風景に思いを寄せすぎていたようです。秘境駅にたくさんの人が降りる姿を見て、「秘境駅の魅力が味わえるのだろうか……」と、秘境駅号に疑問さえもっていました。もちろん、太田朋子さんも同じ意見であると思っていたのですが、先に秘境駅号を体験していた太田さんはすっかり気持ちが変わっていました。「きっと楽しめるはずですよ」と言う太田さんの言葉どおり、乗りこむ前からホームはお祭りのような雰囲気で、私の気分も高揚していきました。

私たちが乗った秘境駅号は上りの電車です。この日は特別に駒ヶ根駅から出発し、終点は豊橋駅です。「秘境駅」と呼ばれる駅以外にも停車しました。ホームがリンゴ畑に包まれている伊那田島駅ではリンゴを、飯田駅では和菓子などの特産品がすべての乗客に配られました。そして、平岡駅では、地元の自治体が物産市を開催していました。沿線に住んでいる人たちが運営に参加している様子で、大いににぎわっていました。

各駅を通過するたびに、職員のみなさんが笑顔で見送ってくれます。次の駅では何が待っているのか、長野県、静岡県、愛知県へと飯田線上につながる特別な空間、そして何よりも、乗務員によるユーモアあふれる「おもてなしぶり」に普段の飯田線とは違う魅力を感じてしまい、私はすっかり引きこまれていきました。

興奮している私に、太田さんが「ちゃんと車内アナウンスも聞いていてくださいね」と笑いかけました。私は、はっとして、聞き漏らさないようにと耳を傾けました。すると、小和田《こわだ》駅あたりで次のような案内が流れたのです。

昭和三二年八月、小和田と大嵐《おおぞれ》間にある第一西山隧道で大規模な土砂崩れが発生しました。約一か月間、小和田と大嵐区間は不通となり、当時の国鉄は青函連絡船の航海士を呼び寄せて船で乗客を代行輸送しました。

太田さんが、「知っていましたか？」と言わんばかりに私の顔を見つめました。沿線の取材担当だったにもかかわらず、私は首を横に振るしかありませんでした。

「『飯田線ものがたり』を執筆前に、これに乗るべきでしたね」

隣の座席で太田さんがつぶやきました。このとき、私も太田さんと同じ気持ちになりました。秘境駅号の乗務員によるアナウンスを聞きながら、「もう一度学ぶべきではないか」と二人とも考えはじめていたのです。

秘境駅号を降りた私は、数日後には大嵐《おおぞれ》駅の近くに架かる鷹巣《たかす》橋の真ん中に立っていました。このとき、飯田線の旅が再びはじまるような予感がしました。

「三遠南信 Biz」との出合い

「伊那 Valley 映画祭」から帰った私は、『飯田線ものがたり』を読んだ人からの手紙や感想、そして情報提供をまとめたものなどを読み返すという日々を過ごしていました。そんなとき、二〇二〇年一二月一六日、南信州新聞社の河原俊文さんが私を訪ねてきたのです。

実は、映画祭の前日、河原さんと電話でやり取りをしていました。彼は「伊那映画祭の初日に取材に行く」と話されていましたが、日程が違うために会場ではお目にかかれなかったのです。そしてこの日、別の取材で浜松市水窪町に来られていた河原さんと「水窪文化会館」のホワイエで待ち合わせをしたのです。

ああ、信州の人だ！　河原さんからのお土産を受け取った私は、心が躍りました。というのも、差し出されたのが信州のブランド干し柿、「市田柿」だったのです。ちょうど、松源寺（長野県高森町）の鐘の周りに「柿すだれ」が飾られる時期です。飯田線の取材をしているときに何度も足を運んだ長野県が懐かしく脳裏に蘇りました。

河原さんは「南信州新聞社」が発行している月刊紙「三遠南信 Biz」の編集長をされています。

現在、長野県と静岡県、そして愛知県を結ぶ「三遠南信自動車道」が建設中で、この日は工事の進捗状況を取材されているようでした。

飯田線についても、「長野県と静岡県を結ぶトンネル工事は難しい」と聞いていました。事実、飯田線のルート変更や大原トンネルの工事では、多くの困難に直面しています。その原因の一つが、この地域に日本最大の活断層である「中央構造線」の存在です。この断層エリアでは地盤が不安定なため、道路建設に影響を与えてしまうのです。現在でも、この地域における道の建設は容易ではないようです。

「三遠南信 Biz」の紙面

さて、「三遠南信 Biz」は、飯田線の沿線を取材していた私にとっては親しみが感じられる内容でした。三遠南信自動車道が開通したら、リニアが開通したら……三県の交流や飯田線がどのように変わっていくのだろうかと、興味関心が深まりました。

そして、河原さんとのご縁が驚くべきことに進展し、何と、「三遠南信 Biz」に遠州地区の記事やコラムを書かせていただくことになったのです。

二〇二二年四月から、「私たちの飯田線」というタイトルでエッセイを連載させていただいています。

さて本書では、「三遠南信 Biz」に掲載された記事（加筆などを行っています）をはじめとして、秘境駅号はもちろん、二〇二三年に特別列車として運行された「ディスカバー号」の乗務員から聞いた各駅の魅力や、沿線の歴史に関する内容を紹介していくことにします。そして、『飯田線ものがたり』の刊行後に寄せられた情報や、現在の沿線の様子も述べていくことにします。

八〇年を超える歴史をもつ飯田線は、時代によってさまざまな人を乗せて走ってきたことを改めて知りました。沿線の自然や生物、地形についても、次から次へと興味が尽きません。『飯田線ものがたり』で紹介できなかった佐久間ダムに沈んだ区間の付け替え線やトンネル工事、そして橋梁などについても深く掘り下げていくことにしました。

歴史とエンタテインメントにあふれる飯田線をめぐる「オバ鉄」二人の旅に、もう一度お付き合いいただけるとうれしいです。そして、読者のみなさんと、九四駅のどこかでお目にかかれることを願っています。

もくじ

中部天竜駅（撮影：さとうあつこ）

第3章 秋 蕎麦切も夜寒の里の馳走かな（井上井月） 127

「三河槙原駅－柿平駅」間の風景（撮影：大野秀一、2005年）

飯田線に魅せられて——線路《ものがたり》は続く、どこまでも

第1章

春

旅人の我も数なり花ざかり

（井上井月《せいげつ》）

天竜川の話

（神川靖子）

春の訪れとともに桜の花や新緑が息を吹き返し、飯田線沿いの旅は色鮮やかな景色で彩られます。とくに、天竜川の流れは春の陽光に輝き、まるで龍の鱗のような神秘さを放っています。この川は、飯田線とは切っても切り離せない存在となっています。そして、深い歴史を背景に、訪れる人々に多くの物語を語りかけています。ここでは、天竜川にまつわるお話を二つ紹介します。

時の狭間で――時又《ときまた》駅

天竜川に、今でも港があることをご存じでしょうか。その一つが「時又港」（一一ページの注参照）です。二〇二三年三月一二日、私は「時又初午《はつうま》はだか祭り」を見物するために飯田線の時又駅で降りました。「時又初午はだか祭り」とは、飯田市時又に鎌倉時代から伝わる伝統行事で、五穀豊穣や家内安全を願う神事です。このあたりでは、時又に春の訪れを告げる風物詩となっています。

出掛けるときに「信州は寒いかもしれないから」と思って準備してきた上着は、リュックにしまったままです。この日は暖かな陽気でしたが、だからといって川に入れるような季節ではありません。しかし、祭りの一番の見どころは「神輿の担ぎ手が川に入っていくシーンだ」と聞いていましたので、私は迷うことなく会場である港を目指して進みました。

港に着くと、人はまだまばらで、カメラの三脚だけが撮影場所を陣取って、置いてけぼり状態となっていました。通りにあった和菓子店で尋ねると、「神輿が出発する長石寺《ちょうせきじ》（長野県飯田市時又329）に人が集まっている」と言います。続けてお店の女性が、かつての商店街について話をしてくれました。

「昔は飯田の街まで行かなくても、ここで何でもそろったんですよ」

今は営業している様子はありませんが、通りには看板を掲げたいくつかの建物があり、その名残が十分にうかがえました。

高台にある長石寺の山門をくぐると、境内には屋台がすでに並んでおり、お祭りムードに包まれていました。神輿の出発にはまだまだ早い時刻です。コロナ禍によって多くのイベントが自粛されていたあとのことですので、懐かしさを感じるこの場の雰囲気を楽しむのもいいかと思いましたが、迷ったあげく、やはり港に戻ることを選びました。天竜川をもう少し見ていたかったのです。

先ほど、港でウォルター・ウエストン（Walter Weston, 1861～1940）をたたえる立派な碑を見かけました。ウォルター・ウエストンは明治時代に幾度も来日しており、日本の山を世界に紹

時又にあるウエストンの碑

介した登山家であるとともにイギリスの宣教師です。

「山ガール」という愛称がありますが、現在では登山を楽しむ女性が増え、登山は身近なものとなっています。日本の登山において、ウエストンの功績が大きいことはまちがいありません。上高地では、毎年六月に「ウエストン祭」が開催されており、彼をたたえるとともに彼を偲んでいるということです。

そんなウエストンと時又《ときまた》港とのかかわりですが、何と彼は、時又港から浜松市中野町まで、約一三〇キロとなる距離を舟で下ったというのです。彼の舟旅によって、日本アルプスと同じく天竜川や時又港の名が世に知られたということです。

舟下りには、いったいどれだけの時間がかかったのでしょうか。道中、どのような景色が見られたのでしょうか。いずれにしても、ここから太平洋の沿岸地域まで舟や筏がたどり着いたことに驚いてしまいます。

浜松市立図書館で『現代日本紀行文学全集　中部日本編』（ほるぷ出版、一九七六年）を借りて読んだのですが、そのなかに掲載されている小島烏水《うすい》（一八七三〜一九四八）の「天竜川」という紀行文に次のような一節がありました。

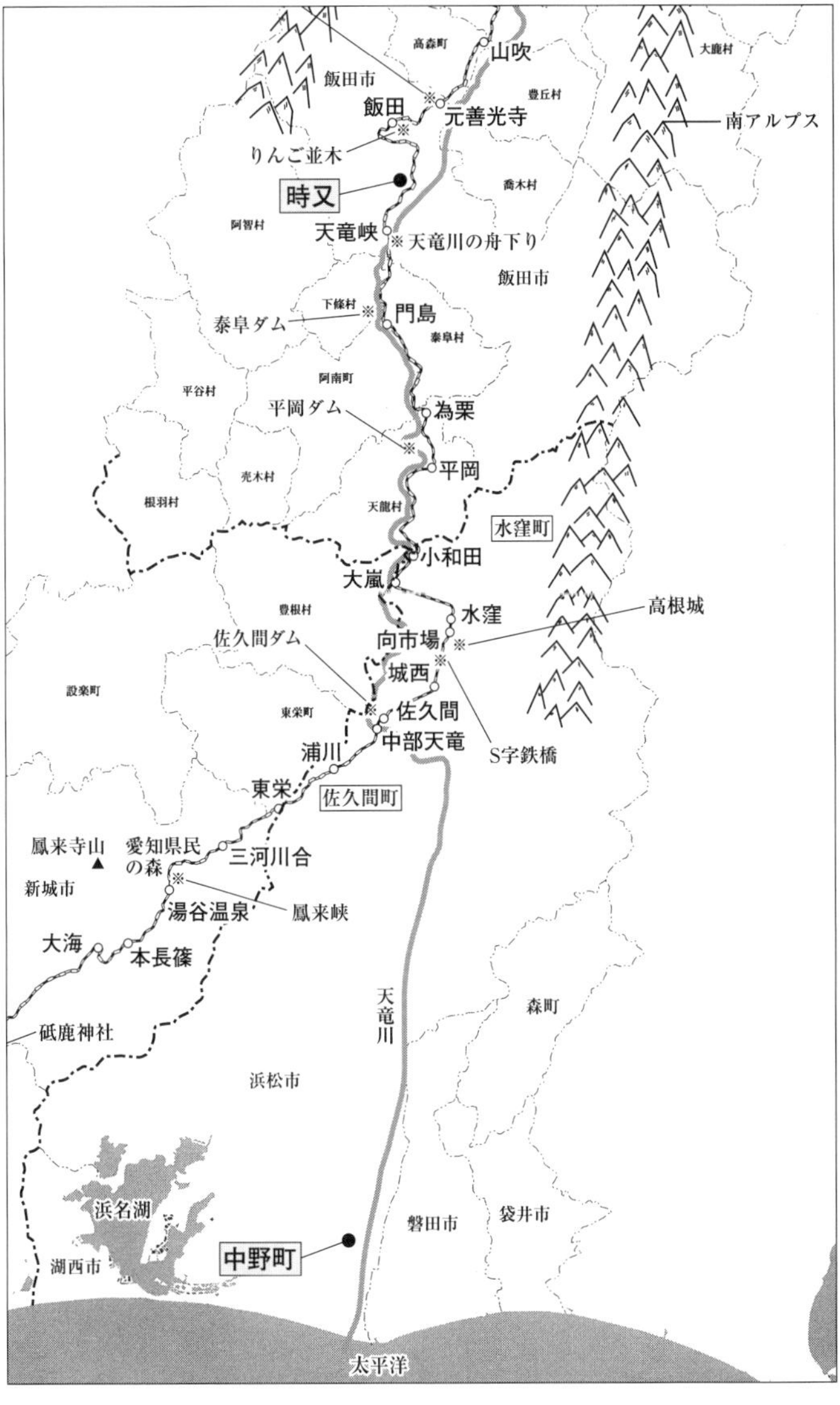
高森町
山吹
大鹿村
飯田市
豊丘村
飯田
元善光寺
南アルプス
りんご並木
時又
喬木村
阿智村
天竜峡
※天竜川の舟下り
飯田市
下條村
泰阜ダム
門島
泰阜村
阿南町
平谷村
平岡ダム
為栗
平岡
売木村
根羽村
天龍村
水窪町
小和田
大嵐
豊根村
水窪
高根城
佐久間ダム
向市場
城西
設楽町
東栄町
佐久間
中部天竜
S字鉄橋
浦川
東栄
佐久間町
鳳来寺山
愛知県民の森
三河川合
新城市
湯谷温泉
鳳来峡
大海
本長篠
天竜川
森町
砥鹿神社
浜松市
浜名湖
磐田市
袋井市
中野町
湖西市
太平洋

（前略）蘇鉄が丈高く生えてゐる海岸まで、突き抜ける天竜川《てんりゆうがは》といふ道路があることを私は知つてゐる、しかも日本アルプスで、最も美しい水の道路であり、水の敷石であることを知つてゐる、（後略）（前掲書、一六四ページ）

小島烏水《うすい》という人は、登山家であると同時に随筆家でもあります。そんな小島が、天竜川を「道路」と表現しているところが印象的です。そして、ここには、「温田《ぬくた》」や「満島《みつしま》」という飯田線沿線の地名や、佐久間ダムに沈んだ「佐太《さた》」や「山室《やまむろ》」などといった地名も登場してくるほか、当時の風景や船頭と川の様子などに至るまでが読み取れます。

先人の記述というものは本当にすごいものです。写真が掲載されているわけでもないのに、どういうわけか光景が浮かんできます。旧仮名遣いの文章ゆえ、少し読みにくいでしょうが、一度ご覧になってください。

ご存じのとおり、のちのダム建設によって「川の道」は分断されました。そして、鉄道や道路が整備されると舟運は衰退の一途を辿ることになったわけですが、今回の執筆を機に、改めて天竜川の壮大さと歴史に惹かれてしまいました。

舟運の港として栄えた時又《ときまた》は、観光船の到着場所として港の姿を現在に残しており、夏には灯籠流しや花火大会も行われています。このあたりに住んでいる人々は、現在も天竜川と深くかかわっているのです。私は、そんな港の階段に腰掛けて、たゆみない時間の流れをしばらくの間見つめていたかったのです。

ぼんやりと座ったまま、どれくらいの時《とき》が経ったでしょう。周囲がざわつきはじめました。振り向くと、背後には多くの観客が集まっていました。鈴岡太鼓が響きわたっているなか、「オンスイ、オンスイ（御水）」の掛け声とともに神輿を担いだ裸の男性たちが、何らためらうことなく威勢よく川に入っていきます。キラキラと光る水しぶきが流れを破り、時の狭間にいた私を、あっという間に現実の世界へと連れ戻しました。

時又初午はだか祭り

「オンスイ、オンスイ」

担ぎ手の笑顔といくつかの神輿が揺れ動き、三年の時をまたぎ、四年ぶりの祭りが時又に春を告げたようです。

さて「天竜舟下り」ですが、乗客が減少したことなどの理由で二〇二一年一二月に運営会社が撤退し、運航休止となっていましたが、二〇二三年四月から「南信州リゾート株式会社」[1]が「天竜川和船下り」として、弁天港から時又港までの運航を引き継いでいます。また、「天竜ライン下り」については、「天龍ライン遊舟有限会社」が天龍峡温泉港から唐《から》笠《かさ》港まで運航しており、絶景が楽しめます。これら以外にも、ゴムボートを漕いで下るという「天竜川ラフティング」（南信州リゾート株式会社）も人気を集めています。

大嵐《おおぞれ》駅——トンネルや天竜川が通学路だった

「大嵐駅」付近にある鷹巣橋《たかすばし》を境にして、右岸が愛知県、左岸が静岡県となります。鷹巣橋の上に立つと、静岡県側の斜面に、佐久間ダムの湖面に続く奇妙な階段が見えます。ダムの水位が低いときにのみ現れるため、そこに階段があることを知らない人が多いようです。

湖面に続く奇妙な階段

「まえがき」でも書いたことですが、秘境駅号のアナウンスで聞いた「昭和三一年の代行輸送」に関係しているのかもしれないと思った私は、通学時に大嵐駅を利用していた山下慎子さん（八〇歳）に話を聞くことにしました。

山下さんは、小学校五年生まで大嵐駅から天竜川沿いに敷かれた鉄道に乗って、隣町の佐久間小学校へ通っていたそうです。一九五五（昭和三〇）年、飯田線の路線変更によって水窪《みさくぼ》駅が開業したため、六年生からは水窪小学校に転校されています。

生家は、大嵐駅と小和田《こわだ》駅の間にある「粟代《あわしろ》」という集落です。現在でこそ「林道西山線」が通っていますが、当時は、そこから大嵐駅までの道はありませんでした。近所の子どもたちは、みんなで一緒に線路を伝い、トンネルをくぐり、大嵐駅まで歩いたということです。

「一九五七（昭和三二）年にあった、第一西山隧道の崩落事故のときにはどうしていたのですか？」と尋ねてみました。つまり、山下さんが通学時に歩いていたトンネルについてです。

「父が炭焼きをして生計を立てていたから舟をもっていてね、舟で大嵐駅まで通ったに。そうそう、あの階段からホームに上っていったに」

このように答えてくれたあと、山下さんの父親以外にも舟を出した人がいたことを教えてくれました。小和田駅から坂を下ると現在は廃墟となっているお茶の工場があるのですが、そこの人が舟を出し、小和田駅から乗車していた子どもたちを大嵐駅まで舟で運んだということです。

「トンネルも通学路、それが崩れたら川が通学路、ほかに道はないだもの！」

この言葉が私の胸を突きました。現在では考えられないことです。

「湖面からの階段は、いつ何のために造られたのか」と尋ねると、山下さんの幼いころの記憶には、駅から階段へ続く坂道の先に「旧鷹巣橋」があり、その橋付近に渡舟場があったようです。

（1）二〇二三年四月より、弁天港は「リバーポート弁天」、時又港は「リバーポート時又」と名称を変えています。

付け替えルート開業時の花電車(2)（提供：丸山書店）

現在の鷹巣橋《たかすばし》には「昭和三一年竣工」と書かれていますから、湖面までの道は、新しい橋ができる前からあったことになります。

「古い橋があったときは、小さい坂道だったか、階段だったかは分からない。どうだったかなー」

　代行輸送時に整備された可能性もあると思いますが、山下さんは次のように続けました。

「でも、大原トンネルの工事をする人たちのための飯場が天竜川あたりにあったし、斜面には診療所もあったから、階段は早くからあったかもしれんよ。鯉釣りも流行っていて、大嵐駅《おおぞれ》にはたくさんの人がいたよ」

　結局、何のために階段が建設されたのかについてははっきりとしませんでしたが、思いがけず、当時の大嵐駅周辺における興味深い話がたくさん聞けました。

「大変だったけれど、水窪駅《みさくぼ》が開業したときの花電車に乗れたからうれしかったね。あれは一一月のことだったっけ」

　七〇年近く前のことですが、山下さんはつい最近のことのように言って笑っていました。

急行ディスカバー飯田線号に乗って

（太田朋子）

人気のイベント列車である急行「飯田線秘境駅号」に加えて、二〇二三年には急行「ディスカバー飯田線号」（以下、ディスカバー号と略）が運行されました。飯田線の新たな魅力を「ディスカバー（発見）する列車」というのが目的のようです。となると、『飯田線ものがたり』を著しその続編となる本書を書いている私、乗らないわけにいきません。

そのためには、切符をゲットしなくてはなりません。ほかの切符と同じく、乗車日の一か月前の午前一〇時からＪＲの主な駅で発売されます。もちろん、神川さんも乗車したいということなので、秘境駅号のときと同じく、「どちらが、どの駅で購入するか」と相談しました。その結果、神川さんは乗車一か月前となる四月四日は都合がつかないことが分かり、私が実家のある大阪府箕面市からの帰路に購入することにしました。

大阪駅や新大阪駅では、どの時間帯でもさまざまな切符を求める人が多いものです。よって今

（2）一九五五（昭和三〇）年、付け替えによって水窪町に鉄道が開通しました。開通式は、向市場駅付近の水窪中学校で行われました。鉄道開通と町制三〇周年を記念して、「水窪音頭」と「小唄」がつくられるなど、町が希望にあふれたときです。

回は、帰省経路を変えてJR茨木駅（大阪府茨木市）を経由にすることにしました。

茨木駅の窓口に一〇時前に着くと、すでに何人かの人が待っていました。

「えっ⁉　ディスカバー号、そんなに人気があるの⁈」と心配になりましたが、その人たちは同じ五月四日の新幹線の切符を買うために並んでいたようです。ゴールデンウィーク中の新幹線の切符を買うために、一〇時前から並んでいたのです。

無事に上りのディスカバー号、飯田駅から中部天竜駅までの指定席券をゲットし、神川さんに報告しました。ちなみに、ゲットしたC席とD席の窓からは天竜川を眺めることができます。

二〇二三年五月四日、初めて運行されるディスカバー号の上りに乗車するために、私たちは中部天竜駅から特急「伊那路」に乗って飯田駅に向かいました。中部天竜駅には、無料の浜松市公共駐車場が隣接しているので、そこを利用しました。そして、この日は、新緑の美しい飯田線の車窓が満喫できる、文字どおりの五月晴れでした。

この日の目的は相月《あいづき》駅で降りることです。上り列車のみ、全国秘境駅ランキングで七五位となっている相月駅に停車するのです。普段は地元のかぎられた人しか利用しない駅、普通列車しか停まらない駅に急行のイベント列車が停まるのです。その光景を見ないわけにはいきません。

秘境駅号とディスカバー号の醍醐味として、車内アナウンスが挙げられます。この日、相月駅をどのように紹介するのだろうかと耳を傾けていると、「佐久間駅伝の中継地点」というアナウ

案内プレートを掲げる駅員（飯田駅）

相月駅に降り立つ乗客

ンスでした（なるほど、そう来たか）。確かに、この駅の下には国道152号線が通っていて、毎年一月末に行われていた「佐久間駅伝」の一区と二区の中継地点でした。ただ、残念なことに、二〇二四年一月に「佐久間駅伝五〇周年」を迎えることなく、二〇二〇年を最後に、長く続いた歴史にピリオドを打っています。コースとなっている国道の安全性が保てないなどがその理由となっていました。

　さて、相月駅に列車が到着しました。言うまでもなく、大勢の乗客が降りはじめました。初めて見る光景です。ホームのすぐ下に見える国道に気付いた人が、「秘境駅なのに国道がある！」と、驚きの声を上げていました。

　確かに、秘境駅は、自動車や徒歩などでのアクセスが難しい駅というのが要素の一つとなっていますが、相月駅はトンネルとトンネルに挟まれており、下を走

入館許可証

る国道さえ見なければ、十分に秘境感を味わうことができるのです。

ディスカバー号に乗って気付いたことは、秘境駅号とは乗客層が異なることです。数組の親子連れもいましたが、女性グループはほとんど見られず、明らかに男性が多かったのです。コアなファンなのかもしれません。ちなみに、下り列車では、本長篠駅においてディスカバー号が急行伊那路号に線路を譲るため、乗客を乗せたまま入れ替え作業が実施されました。それを目当てにしていた乗客もいたようです。

非常に残念ではありましたが、ほかに用事があった私は相月《あいづき》駅で下車して、ディスカバー号への初乗車は終了しています（神川さんは、中部天竜駅まで乗車）。しかし、上り列車だけでは満足しない私、二〇二三年一一月一八日にもディスカバー号に乗車しています。このときは下り列車とし、豊橋駅から中部天竜駅まで乗りました。

このときの目的は、「今までにないような温かい感じにしたい」とJRの担当者が語っていた車内放送を堪能するためと、かつて中部天竜駅にあった「佐久間レールパーク」の建物に入場するためです。ここに入場できるのは、「ディスカバー号の乗客」だけなのです。とはいえ、館内に展示されている数々の懐かしいグッズなどの撮影はNGとなっており、記念撮影用にと設置された「パネルの前での撮影のみOK」ということでした。

看板がホームに移動

アコーディオンの演奏

久しぶりに入館し、懐かしさ満載の展示物の撮影ができないという理由が分かりません。ちょっと残念な思いはしましたが、規則は規則です。その理由について尋ねてみると、盗難防止ということでした。悲しいことですが、レアなグッズを展示すると消えてしまうことがあるようです。納得せざるを得ません。このときの詳しい様子ですが、第2章（一二四ページ）で神川さんが紹介しますので、そちらを参照してください。

見学後に中部天竜駅に戻ると、到着したときにはアコーディオン演奏をされている人の前に立っていた「ようこそ中部天竜へ!!」のウェルカムボードがホームに置かれており、「中部天竜へまたおこしください!!」の文字に変わっていました。そんな細やかさにも感動しました。そして、いつもは停車駅で見送られる側でしたが、この日だけは、職員の人たちと一緒に発車する列車を見送りました。

さて最後に、今回の乗車でディスカバー（発見）したことを紹介しましょう。

それは、三河槙原《みかわまきはら》駅でのことです。この駅のホームに降り立つと、目の前に、大きな山肌というか岩壁が切り立っている光景が目に飛びこん

三河槙原駅から見る山肌

できます。実はこれ、かつて駅の近くにあった採石工場の跡で、採石後の山肌なのです。

ちなみに、ここで採石された石は、東海道新幹線のバラスト（枕木の下に敷き詰められている砕石《さいせき》や砂利）にも使用されたと言います。こんなことを教えてくれたのも車内放送です。豊橋駅を出発後、オルゴールチャイムに続いて、次のようなアナウンスがありました。

――お待たせしました。今日もJR東海をご利用下さいましてありがとうございます。みなさま、本日は朝早くから、ようこそお越しいただきました。早速ですが、みなさまにお尋ねします。「今日のご乗車をすごく楽しみにしてきたよー」という方、ぜひ後方の車掌のほうを向いて、手を振っていただけますでしょうか。

こんなアナウンスは初めてです。私はもちろん、神川さんやほかの乗客も手を振っていました。最初から、すっかり乗客のハートをつかんでいました。

この日も、都合により途中の中部天竜駅で下車しましたが、「後ろ髪を引かれる」思いがいまだに続いています。次のディスカバーは何になるのか、再び飯田線に乗る日を楽しみにしています。

コラム
飯田線こぼれ話

車掌さん

（神川靖子）

５月のディスカバー号に乗るために中部天竜駅に車を停めた理由は、８時22分発の上り電車で新城《しんしろ》駅へ向かい、そこを10時39分に出発する下りのディスカバー号に乗るためです。要するに、新城駅から中部天竜駅まで、とんぼ返りする計画を立てたわけです。このような行動、奇妙に思われるでしょう。しかし、観光列車に「乗る」ことを目的とする場合、このような移動を惜しむわけにはいかないのです。

私の乗るはずだった電車は、長野県の温田《ぬくた》駅付近での倒木が理由でかなりの遅れが生じていました。倒木、あるいは動物との接触など、飯田線ではこのような遅延が時々起こります。

40分ほど遅れてやって来た列車から車掌さんが降りてしまい、運転士のみとなりました。そう、中部天竜駅からはワンマン列車となるのです。

バスに乗るときのように、乗客が整理券を取って乗車していきます。飯田線のドアは自動ではなく「押しボタン式」となっていますが、ワンマン電車では料金の支払いが１両目となるため、それ以外のドアは開きません。そのため、「この電車は〇〇駅からワンマン電車になります」というアナウンスが車内に流れると、乗客が一斉に１両目に移動をはじめます。

一方、車掌さんが乗っている列車では、無人駅が多いため、車内での切符の販売や、ホームで切符を受け取るために車掌さんが走っている姿がよく見られます。忙しい車掌さんですが、飯田線の乗務員はいつも親切に対応してくれます。

豊橋駅と豊川駅でしか利用できなかった交通系ICカード（トイカなど）ですが、2025年の春に使用区間が本長篠駅まで延長されると言います。いつの日か、全線でICカードが使えるようになったとしても、飯田線から車掌さんがいなくなるというのは寂しいです。運転士とともに車掌さんは、「鉄道」という舞台におけるエンタテイナーなのです。

桜

（太田朋子）

桜といえば、みなさんはどんな桜を思い浮かべますか。あまり色のない寒い冬の風景が終わり、少し暖かくなったころ、さまざまな濃淡の桜色が一斉に広がる光景を目にすると、誰しも心が軽やかになります。

さて、飯田線沿線にも桜の名所がいくつかあります。その代表として、伊那市駅と伊那北駅からバスで行ける高遠城址公園の「天下第一桜」、染井吉野よりやや色の濃い高遠彼岸桜が挙げられます。毎年、驚くほど大勢の人が桜を楽しむために訪れています。名古屋や関西・関東方面からも、多くの旅行会社が「高遠花見バス」を走らせているほどです。

二〇二四年、久しぶりに高遠城址を訪ねることにしました。昨年より一一日遅い開花となり、訪れた日はまだ三分咲きでした。遠くに見える雪を被った中央アルプスを背景に、この桜が満開になったらどんなに美

高遠城址公園の「天下第一桜」

しい景色になるのだろう、公園全体がピンク色に染まる景色はどれほど豪華絢爛なのだろう、公園内に飾られている屏風の後ろにある桜が咲いていたら絵になるだろうなと、想像の翼を広げてしまいました。ふと見ると、ほかの来園者も咲いている花を見つけては記念撮影をしていました。

私は、園内で販売されていた、毎年デザインが変わるという切手シートを購入して、高遠の桜を楽しむことにしました。そして、高遠饅頭と鹿の串焼きを味わってから公園を後にしました。

帰宅してから、高遠城址公園内にある休憩所「高遠閣」（有料）に入るべきだったと気付きました。国指定登録有形文化財になっている貴重な建物で、桜の時期だけ中に入れると知ったのです。一緒に行った息子から、「あの建物は何？」と聞かれて、「何だろね？」と間抜けな会話をして帰ってきたことを後悔しました。「仁和寺にある法師」(3)になった気持ちです。来年、満開の桜と高遠閣に再挑戦したいと思います。

さらに、同じ伊那市内の六道の堤の桜も楽しみにしていたのですが、まだほとんど咲いていませんでした。桜が咲いていたら、池の水、山、空と、絵のような美しさなのです。こちらも想像の翼が必要となりました。のち（四五ページ）に出てくる井上井月《せいげつ》(4)の句碑もこの堤にあります。

（3）吉田兼好『徒然草』第五二段。石清水八幡宮を拝もうと旅行した仁和寺の法師が、付属の神社などを本体と勘違いし、本体である石清水八幡宮に参拝しないまま帰ってきてしまったという話です。

くよとの桜

舞台桜。後ろにあるのが校舎

たくさんの桜が満開になるという風景、言うまでもなく見事なものですが、一本桜が凛と咲く姿にも惹かれます。前著の執筆時には、神川さん、本書の出版元である新評論の武市さんとともに、毛賀《けが》駅の近くにある「くよとの夜桜」を鑑賞しました。遠州街道の旧道に咲く見事な枝垂れ桜で、ライトラップされた姿は「圧巻」のひと言でした（『飯田線ものがたり』二〇二ページ参照）。

「くよとの桜」以外にも、飯田市内には一本桜がたくさんあります。江戸時代初期、飯田初代藩主の脇坂安元（一五八四～一六五四）が桜を好み、植樹をすすめたことが由来となっています。その後、養子として迎えた安政（一六三三～一六九四）が二人の兄の菩提を弔うため、「弥陀の四十八願の桜」として駒ヶ根市から飯田市内までの城下四八か所に桜を植えたと伝えられています。

数ある一本桜のなかで私がとくに気に入っているのが、元善光寺駅から徒歩一〇分の場所にある「麻績《おみ》の里　舞台桜」です。日本で唯一の半八重枝垂れ紅彼岸桜で、推定樹齢三五〇年、樹高一〇メートル、幹周五メートルという大木です。桜の名前は、隣接する旧座光寺麻績学校の校舎に因んだものです。

旧座光寺麻績学校の校舎は、一八七三（明治六）年に建てられました。小学校の校舎でありながら、一階を歌舞伎舞台として造られたことが特徴となっており、県内に残る小学校の校舎としては最古、歌舞伎舞台としては県下最大級で、「長野県宝」に指定されています。校舎と歌舞伎舞台が一つになっている建物は、全国的にも例がないようです。

伊那市の桜のタイミングは合いませんでしたが、その前日に訪れた舞台桜は満開で、ずっと眺めていたいほど見事なものでした。桜の時期は舞台校舎も開放されており、中に入ることができました。隣にある「竹田扇之助記念国際糸繰り人形館」で「よみがえった舞台校舎」という読み物を購入して読んでみると、舞台校舎に関する歴史がよく分かりました。

ちなみに、この人形館の下に咲いている「麻績の里　石塚桜」も素晴らしい枝垂れ桜でした。いつか機会があったら、飯田市街地の名桜を桜守とめぐる「南信州名桜ツアー」（主催・南信州観光公社）に参加してみたいと思っています。

石塚桜

（4）（一八二二〜一八八七）信州伊那谷を中心に活動し、放浪と漂泊を主題とした俳句を詠み続けました。芥川龍之介や種田山頭火をはじめとして、つげ義春などに影響を与えています。

コラム
飯田線こぼれ話

桜の物語（伊那小沢駅《いなこざわ》）

（神川靖子）

2024年３月、伊那小沢駅で降りた私は、桜の蕾が膨らんでいることに気付きました。春の気配に感激したものの、信州の夕方はコートが必要な寒さです。80歳の母とともに向かう先は、1日1組の客しかとらないという「山の宿　加満屋」。

送迎車で細い山道を登って辿り着いた宿は、静寂と安らぎに満ちていました。季節ごとに変わる手づくり料理は、地元の食材を活かした温かみのある味わいで、心身ともに癒されていきます。

「何もしない」という贅沢を楽しむために来たのですが、この時期に桜が見られるとは思っていませんでした。とはいえ、駅周辺の桜は、その地域でもっとも早く開花することで知られており、通り過ぎる列車との調和もさることながら、天竜川のグリーンと空の淡い青が織り成すパステルカラーの配列はやさしい絵のようです。でも、このような桜の数が減ってしまう出来事があったのです。2023年４月、秘境駅号の車内アナウンスで知ったことですが、「2017年の台風によって減ってしまった」ようなのです。それを聞いてホームに降りると、確かに並木の印象があった桜の姿がありませんでした。

1936年に三信鉄道の駅として開業した伊那小沢駅、その記念に植樹された桜は老木化が進み、根本から引き抜かれたかのような姿で横たわっていました。しかしこの年には、枝に若葉を生き生きと茂らせていたのです。それから約1年、今度は花を咲かせようとしている姿を、母と一緒に見ることができました。

「私もまだまだ健康でいるから、また連れてきてね」と母が笑いました。桜の花には、秘められたそれぞれの物語があるようです。いつ、誰と、どこの桜を見たのか、それが物語となって心に刻まれるのでしょう。

伊那市創造館

（太田朋子）

「麻績《おみ》の里《さと》」の桜を鑑賞した日、伊那市駅から歩いて五分ほどのところにある「伊那市創造館」(5)を訪ねました。ここには、「日本でもっとも美しい石器」と形容される「神子柴《みこしば》遺跡出土の石器」と、縄文時代の精神世界を不思議な造形美で表現している「顔面付釣手形土器」（伊那市富県御殿場遺跡跡出土）という国の重要文化財が常設展示されています。一年前の一〇月に来館したときには新潟県の十日町博物館「笑う縄文人」へ貸し出し中だった「顔面付釣手形土器」が帰ってきているということで、見てみたいと思ったわけです。

顔面付釣手形土器

釣手土器とは、紐を通して吊す部分（釣手）が付けられた鉢形土器のことで、一つの集落遺跡から稀にしか出土しないといいます。祭祀のときなどに使われていたと考えられていますが、ここの「顔面付釣手形土

（5）住所：〒396-0025　長野県伊那市荒井３５２０番地　電話：0265-72-6220（伊那市役所教育委員会生涯学習課）

伊那市創造館の外観

器」には火を使った痕跡がないため、どのように使われていたのかは謎のようです。したがって、その使い方を妄想してみるという楽しみ方もあります。なお、顔の付いた土器は、長野県中南部から関東西南部までを中心とした狭い範囲で、縄文時代中期の一時期に流行したものだと言われています。

この土器と一緒に出張していた三体の土偶も一緒に展示されていましたが、これが実に愛らしいのです。土偶好きの友人の影響で、最近、土偶にも興味をもつようになってしまいました。

伊那創造館の「看板土器姉妹」だという「顔面把手付大深鉢」も注目です。そのほか、井上井月《せいげつ》（二三ページ参照）の展示室、伊那谷における大地の不思議が知れる地質展示室も常設されています。さらに、特別常設展示「信州伊那谷　昆蟲食博　おかわり！」もあります。

この日はちょうど、特別展「あのひと　このひとが描いた井月展」と「池上秀畝生誕一五〇年記念展」が開催中でした。池上秀畝《しゅうほ》（一八七四～一九四四）は高遠町出身の日本画家で、二〇二四年には、一八九四年に描いた六曲一双の屏風「高遠街真景」の一部が高遠城址内にパネル展示されました（二一一ページ参照）。

実に見所満載の「伊那市創造館」、その場所が、伊那部宿が残る伊那街道のすぐそばにあるというのもいいです。かつて上伊那図書館として使われていた「伊那市創造館」は、昭和初期のモダン建築を伝える建物で、諏訪市の「片倉館」（国指定重要文化財）を設計した建築家、森山松之助（一八六九～一九四九）が基本設計を手がけ、「長野県建築界鉄筋コンクリート建造物の父」とされる黒田好造《よしぞう》（生没不詳）が実施設計を担当し、費用は現辰野町の製糸家であった武井覚太郎（一八六八～一九四四）が寄付しました。外壁には高遠焼きのタイルが使用されています。

上伊那図書館歴史資料室

館内の「上伊那図書館歴史資料室」には、彼ら三人の資料や戦中・戦後の資料が並んでいます。希望者は、中まで入ることができます。ＮＨＫの連続テレビ小説『花子とアン』（二〇一四年）で描かれたような図書館のような雰囲気で、タイムスリップしたような幸運感に浸りました。

太平洋戦争中は、徴兵検査の会場や海軍の軍服工場として使用されたようですが、戦後には、七〇名ほどのアメリカ兵が三か月間滞在したともいいます。「進駐軍がダンスパーティをした」という逸話も残されている講堂の床もそのままとなっています。

「上伊那図書館」は一九三〇年の開館し、伊那市における唯一の公共図書館でしたが、一九九四年に「伊那市立図書館」が開館すると利用者が激減したため、二〇〇三年に閉館し、二〇一〇年に「伊那市創造館」として再開館しました。魅力たっぷりな「伊那市創造館」、入館料が無料というのは驚きです。

帰り際、翌日に訪問する予定としている「六道の桜」の開花状況を捧剛太《ささげごうた》館長に尋ねると、「六道は全然だけど、ここの桜は満開だよ」と教えてもらえました。

後日、神川さんに言われて思い出しましたが、捧剛太館長は、二二三ページで紹介している、「小和田《こわだ》駅付近から大嵐《おおぞれ》駅付近まで天竜川をボートで下っていく」という企画のメンバーの一人でした。私は名前だけのメンバーでしたが、神川さんは捧さんと一緒に参加しています。

伊那市から戻って、新評論の武市さんに「伊那市創造館」の魅力について語ると、「ところで、現在の伊那市立図書館は行ったの?」と尋ねられました。そして、「図書館を学ぶ人なら誰もが知っている有名な図書館である」と。

またもや「仁和寺にある法師」です。図書館ついて多少学んだつもりでいたのに、「伊那市立図書館」についてはノーチェックだった自分が恥ずかしくなりました。インターネットなどで調べてみると、確かにさまざまな取り組みをしており、評価されている図書館でした。二〇二四年七月にある「伊那 Valley 映画祭」で再訪する際、必ず寄ってみようと思っています。

橋の話

（太田朋子）

飯田線はトンネルと橋の連続です。調べてみると、トンネルの総数は一三八本、橋の総数は三九五本となっていました。ご存じのように、橋の正式名称は「橋梁《きょうりょう》」と言いますが、紹介していく場所の雰囲気に合わせて「橋」という表現をしますこと、ご了承ください。

飯田線全線のなかでも、旧三信鉄道の区間では道なき道に線路を敷設したため、とくにトンネルと橋が集中しています。のちにトンネルについても述べますが、まずは橋について紹介していきましょう。

数ある橋のなかで三つを選ぶとしたら、私が長年暮らした浜松市天竜区佐久間町城西にある「第六水窪川橋梁」、飯田市の「万古川《まんごがわ》橋梁」、そして浜松市天竜区水窪町にある「門谷《かどたに》川橋梁」となります。それぞれについて、少し詳しく説明していきます。

第六水窪川《みさくぼがわ》橋梁

全長四〇〇・七メートル、飯田線において最長となる第六水窪川橋梁は、城西《しろにし》駅の北側、向市《むかいち》場《ば》駅方面に架かる橋です。佐久間ダムの建設によって水没する区間の付け替え線として造られた

付け替え線完成時のS字鉄橋

ものです。

水窪川左岸の掘削中、トンネルが中央構造線の地殻変動によって崩壊したため、そのトンネルを放棄し、いったん川を渡ったあとにもう一度川を渡って元の左岸に戻るという形をとることになりました。それゆえ「渡らずの橋」と言われたり、その形状から「S字鉄橋」とも呼ばれています。珍しい形なので、列車が鉄橋を走る姿は絵になり、ポスターやパンフレットに使用されることが多いです。

ちなみに、急行「飯田線秘境駅号」が「渡らずの橋」を走る際、じっくりとその様子が見られるように徐行するというサービスが行われています。おそらく、飯田線において一番有名な橋となっているでしょう。

私は、この橋の近くに約三〇年間暮らしていました。この橋を走る列車を眺められる城西大橋の中程に、カメラを構えた人たちがいることは昔から知っていましたが、当時は、なぜこの鉄橋がここまで人気なのかまったく分かっていませんでした。前著『飯田線ものがたり』を著す際に川村カ子ト（「まえがき」参照）のことを知り、飯田線に興味をもち出してから、「なぜ、S字になっているのか」や「なぜ、人気があるのか」などが分かるようになってきました。この橋については、神川さんが書いた次ページの**コラム**も参照してください。

万古川橋梁

為栗《してぐり》駅（天龍村）と温田《ぬくた》駅（泰阜村）の間に架かっている万古川橋梁（飯田市）は、一九三六年に造られたものです。橋長一〇七メートル、最大支間長は九三メートルもあります。支間長とは、橋脚と橋脚の間の長さを示すものです。

万古川橋梁といえば、強烈に印象に残っているのが開通記念のときに撮影された写真です。建設中の写真を見ても、建設工事概要を見ても、かなりの高さ（三三・五メートル）となる橋の上で、大勢の関係者が貨車に乗って記念撮影をしているのです。

現在は、平岡ダムの堆砂によって川底が上がり、当時の写真とはまったく違う景色となり、橋梁の両端は生い茂った木々で隠れてしまっていますが、九〇年近く経った現在でも、為栗駅から歩いてすぐにある「天竜橋」から美しい姿を眺めることができます。ちなみに、この橋梁は「下路分格曲弦ワーレントラス」という形式で造られており、「日本近代土木遺産」に認定されているほか、「信濃の橋百選」にも選ばれています。

コラム
飯田線こぼれ話

渡らずの橋の風景印

（神川靖子）

城西《しろにし》駅付近にある第六水窪橋梁、通称「渡らずの橋」。その様相から「S字鉄橋」とも呼ばれています。この橋は、飯田線のルート変更や難工事において象徴となる橋でもあり、歴史の面からも鉄道ファンに人気となっていますが、単純にその美しさを写真に収めたいというファンがとても多く、カメラを構えて電車を待つ人を見かけるという撮影スポットでもあります。

全長400メートルの橋にS字を描きながら悠々と走る電車の姿、その背景には、奥ゆきのある山が配置されています。新緑や紅葉、雪風景と、季節ごとの美しさを見せてくれる橋。それは鉄道ファンのみならず、城西地区に住む人々にとっても特別な風景の一部となっています。そのことを裏付けるのが城西郵便局の風景印です。

公式の消印の役目を果たしている風景印は、直径36ミリの中にその土地の歴史や文化、名物など、象徴となるものがデザインされています。私は旅をするとき、沿線の郵便局に寄って風景印を集めていますが、飯田線が描かれているものは今のところここでしか見たことがありません。城西郵便局で押された風景印には、堂々と「渡らずの橋」が描かれていました。

共著者である太田さんは、佐久間町城西に嫁いだあと、長い間この土地で暮らしてきました。彼女が自宅から城西駅へと歩くとき、道路と並行している「渡らずの橋」はいつもそばにありました。今は別の街で暮らしている太田さんとは、メールでのやり取りばかりとなっています。この風景印が押された手紙を太田さんに送るという楽しみを見つけました。

記念写真（堀田豊和氏のアルバムから）

万古川橋梁を渡る「特急伊那路号」
（撮影：さとうあつこ）

万古川橋梁と同一設計の橋が、かつて北海道羽幌線の天塩川に架かっていました。その橋を手がけたのは、のちの国鉄総裁で技官でもあった藤井松太郎（一九〇三～一九八八）でした。天塩川は冬季の凍結や流氷などで、万古川は深い渓谷のために、橋脚を立てるのが難しかったところが共通しています。

天塩川橋梁は船を使って架設されましたが、万古川橋梁の架設ではケーブルエレクション工法（両側に鉄塔を設置して、部材を吊り下げて架設する）がとられたようです。残念なことに天塩川橋梁は、羽幌線が廃線となったため撤去されていますが、写真や図面が残されているので、万古川橋梁と同形式であることが分かります。

戦前に造られ、現存する下路曲弦分格トラスの鉄道橋は、万古川橋梁のほかにもう一本存在すると言われています。それは「近鉄京都線澱川《よどがわ》橋梁」（京都市伏見区。関場茂樹設計）で、同じく宇治川に橋脚がかかっていないのが特徴

1928年に完成した近鉄澱川《よどがわ》橋梁

天塩川橋梁（昭和10年～11年）

となっています。

この橋梁は、旧奈良電鉄によって宇治川に架けられた下路曲弦プラット分格トラス橋です。陸軍演習（夜間の架橋演習）に支障がないように無橋脚橋梁として建設され、径間長《けいかんちょう》（橋台または橋脚の前面間の距離）一六四・四メートルを誇り、宇治川の鉄道景観を代表する建造物となっています。

万古川橋梁における下路分格曲弦ワーレントラスという形式が珍しいことは分かったのですが、用語の意味がさっぱり分からなかった私は、図書館で調べたり、橋にかかわる仕事をしている旧友に教えてもらったりして、なんとか理解しました（参考文献は巻末に掲載）。

「下路」とは、線路が橋の下部にあるということです。一方、「分格」は、長支間で部材が長くなると弱くなるため、部材を追加して間を短くしたもののようです。「トラス」は、三角形を組み合わせた形のことで、この形にすることで丈夫になり、長い橋を架けることができます。そして「ワーレン」は、イギリスの技術者ジェームス・ウォーレン（James Warren, 1806～1908）にちなんで付けられたとのことでした。

門谷川橋梁《かどたにがわ》──下路曲弦ワーレントラス

浜松市天竜区水窪町《みさくぼ》にある門谷川橋梁も、深い渓谷（川床から約六〇メートル）に架かっている橋です。建設は困難を極めたため、橋の両端にあるトンネルを開通させてからつなぐ計画となり、万古川橋梁と同じくケーブルエレクション工法で一九三六年に架設されました。この門谷川橋梁の上で北線と南線がつながり、悲願となっていた飯田線の全線が開通したという記念すべき橋ともなります。

橋長九一・九一メートル、最大支間長七七・五メートルというこの橋は、周りが山に囲まれており、橋全体の姿を見ることは容易ではありません。列車が橋を通過する瞬間に、車内からかろうじて橋の上部を見ることができます。

しかし、どうしても橋全体の姿を見たくなった私は、川からの撮影を考えつきました。そして、知り合いに頼み、船から撮影してもらったのです。それが、口絵に掲載した写真です。写真を見せてもらい、三信鉄道の建設当時の写真（前著五二ページ）と見比べながら感動に浸っていました。

門谷川橋梁（撮影：山﨑洸一）

天竜川橋梁──3径間連続下路ワーレントラス

「ベスト3」には入れませんでしたが、佐久間ダム建設の際に付け替えら

新旧の橋が並ぶ天竜川橋梁。奥が付替線（提供：佐久間電力館）

移動式検査篭と側歩道

れた現在の天竜川橋梁（浜松市佐久間町）も特筆すべき橋となります。橋長二七〇メートル、最大支間長七〇・四メートルのこの橋は「平行弦連続単線ワーレントラス」といわれる形式で、一九五五年に架設されました。垂直支材を省略したことで、美しい形のトラス橋となっています。

この建設で連続トラスの形式が確立され、東海道新幹線におけるトラス橋に継承されていきました。佐久間町にある橋が、当時は世界的に画期的なものであった東海道新幹線に関係していたとは驚きです。

また、新しい試みとして、トラス部分の検査用足場として「検査篭」が設置されました。さらに、保守用の設備として幅一メートルの橋側歩道が設けられましたが、軌道と歩道が離れすぎたために退避が不便ということで一般に開放され、人道として利用されています。中部天竜駅から佐久間駅へ行くには、一般道より近道となりますが、高所恐怖症の私には大変つらい人道です。一人では渡ることができません。しかし、驚くことに、幼稚園児は普通に通っていました。

さて、撤去された旧線の天竜川橋梁ですが、福島県を走るＪＲ只見線の「第八只見川橋梁」として生まれ変わり、現在も使われています。只見線は、景観の美しさで有名なローカル路線です。二〇一一年の新潟福島豪雨の際、流失した橋梁がいくつかありましたが、第八只見川橋梁は流されることなく残り、不通になっていた箇所も修復工事が終わって二〇二二年に全線が復旧しました。三信鉄道時代の橋が遠く離れた土地で現在も活躍しているのです。その姿には万感の思いがあります。

また、平岡ダム建設の際に付け替えられ、撤去された「旧遠山川橋梁」も、現在、大井川鐵道井川線の「第一大井川橋梁」（静岡県川根本町）として使用されています。大井川鐵道本線はＳＬやＥＬ、そして「きかんしゃトーマス号」で有名ですが、井川線のほうは日本唯一のアプト式列車です。日本一の高さを誇る「関の沢橋梁」や、湖に浮かんだように見える「奥大井湖上駅」も最近では人気となっています。

私にとっては、この旧遠山川橋梁を建設する際の写真が心に残る一枚となっています。断崖絶壁を登ると

第一大井川橋梁

いう命がけの作業の合間に、三信鉄道の測量隊を写した写真です（『飯田線ものがたり』四三ページ左の写真参照）。

近代土木遺産に心惹かれて

ＪＲ飯田線に架かっている橋について紹介してきましたが、最後に、飯田線の駅から歩いて行ける私のお気に入りの橋を二本紹介したいと思います。

一つ目は、長野県辰野町の羽場《はば》駅（飯田線最高標高七二三メートル）から七五〇メートルのところにある「北の沢の渡河橋《とかきょう》（めがね橋）」です。天竜川の支流である北の沢川に架かる道路橋で、道路の下がアーチ橋になっています。橋台と側壁は石、アーチは煉瓦という構造で、道路の橋としては稀有な事例だそうです。明治中期に造られ、明治の近代化を物語る国指定の「登録有形文化財」となっています。

Googleマップでは違う場所が示されていましたので、正しい位置が分かるように地図と写真を掲載しましたが、ご覧になったとおり、「橋」ではなく「トンネル」のように見えます。撮影したのは、旧三州街道から渓谷に下りたところに設置されている見学エリアです。左に掲載した写真の上部が旧三州街道となり、右の写真の奥に見えるアーチの上が国道153号線となります。

橋ができる前は、深い谷を下りて遠回りしていた三州街道でしたが、明治期の改修で馬車が通

上流側から見る、めがね橋

めがね橋の内部

れるように谷を埋め立てて道路を直線化した際に、盛土の下に建設されたと推定されています。さらに、明治末期から大正初期にかけては、初期の伊那電気鉄道が渡河していたというのですから驚きです。この橋の上を、はるか昔、馬車や路面電車が走っていた光景を想像するだけで浪漫を感じてしまうのは私だけでしょうか。

お気に入りの橋の二つ目は、愛知県の本長篠駅から五〇〇メートルのところにある「旧黄柳《つげ》橋」です。豊川水系の宇連川とその支流である黄柳川との合流点から黄柳川の七〇メートル上流に架かっている橋で、大正時代に造られたコンクリートのアーチ橋となっています。同形式の橋としては、当時、最大規模だったと言います。

柱は、強度と耐久性を考慮して井桁状になっていますが、それはデザイン面でも優れており、私の心を鷲掴みにしました。木橋が主流であった時代に、三河山間地で最先端技術を駆使して、このコンクリート橋が造られたというのは大変興味深いことです。土木構造物として、愛知県下で初めて国の「登録有形文化財」に登録されました。

平成に入り、新しい道路橋が建設されてから旧橋は歩道橋となり、現在も橋の上を歩いて渡ることができます。河原まで下りられるコンクリートの階段が設置されていますので、大正浪漫を感じる旧黄柳橋を下から眺めることができます。

旧橋のデザインも考慮されて架設されたという現在の橋とともに、二本が並んで架かっている

旧黄柳橋付近の地図

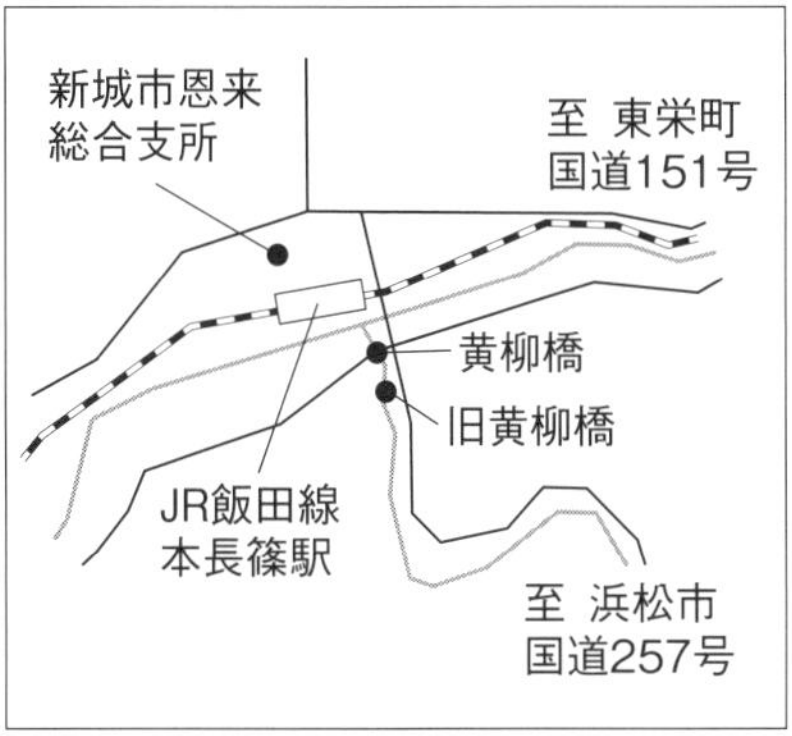

新旧の橋が並ぶ。奥が旧黄柳《つげ》橋

姿は圧巻です。新橋の完成後、旧橋の歴史的な意義をふまえ、「撤去せずに、残すように」と尽力された方々に感謝の思いでいっぱいです。

新城《しんしろ》市のホームページには、この橋の設計者として、「愛知県技師　館喜八郎、吉田仙之丞、和田清三郎」と書かれています。館喜三郎というのは、俳優・館ひろしさんの祖父に当たる人です。NHKの番組「ファミリーヒストリー」において、「館さんの祖父が設計した」として旧黄柳橋が紹介されていました。館喜三郎が設計した橋はいくつかあったそうですが、現存しているのはこの橋だけです。

ちなみに、この旧黄柳橋が完成した一九一八（大正七）年までは木橋が架けられていました。かつて、「吉田」（豊橋）からこの地「乗本」まで舟運があり、「乗本」から先へは鵜飼船（谷川でも使用できるように鵜飼船の船大工に造らせたもの）が走っていました。その中継地点として、「羽根河岸《はねがし》」と呼ばれる船着き場が橋の近くにありました。

にぎわう河岸から橋の勇姿を見上げることを考慮してデザインされたと言われていますが、実際に橋の下から眺めるとそれが実感できます。橋のたもとには鵜飼船の碑があり、「昔や乗本その名の如く、羽根の河岸にぎわいて、それにぎわいて、吉田通いの船が着く、船が着く」と歌われる「乗本音頭」が刻まれています。

大正時代の人々が、にぎやかな船着き場で旧黄柳《つげ》橋を見上げている姿を想像するというのも楽しいひとときとなります。

番外編

旧三信鉄道区間以外にも、難工事のもとに造られた橋があることをお伝えしておきます。『三遠南信　産業遺産』（春夏秋冬叢書、二〇〇六年、二八二ページ）に、「伊那電車軌道における最大の難工事は大田切川橋梁の架設。大正三年にその設計を終え、工事は認可され着工となった。橋桁《はしげた》には、米国、カーネギー製鋼会社（のちのUSスチール）のI型鋼が採用されている」と書かれていました。「鋼鉄王」と呼ばれたアンドリュー・カーネギー（Andrew Carnegie, 1835～1919）が創業した製鉄会社で造られたものです。南アルプスや中央アルプスをバックに鉄橋を渡る電車を撮影できるので、「撮り鉄」の撮影スポットにもなっている現役の橋です（口絵参照）。

寒狭《かんさ》川橋梁

大田切川橋梁

鳳来寺鉄道のほうにも、「最大の難工事は寒狭《かんさ》川橋梁で、寒狭川（豊川）と宇連《うれ》川が合流する長篠城址の袂《たもと》に架けられた。橋桁製作と架橋工事は汽車製造（株）が担当。川面からの高さは約三〇メートル、全長七八・四メートルの鋼桁橋で、三つの石造橋脚が支える」と述べられている橋があります。どちらの橋も、「撮り鉄」だけではなく多くの人が魅了されるはずです。足を運ばれることをおすすめしたいです。

（神川靖子）

山頭火と飯田線

前著『飯田線ものがたり』で紹介してきた風景は、現代の生活や観光路線という視点をベースにした人との出会いや思い出などでしたが、四つの私鉄が買収されて飯田線となるまでの「歴史」や「全延長距離」は

生まれ故郷である「JR 防府駅前」に建つ種田山頭火像。1925年、曹洞宗報恩寺（熊本県）で出家得度して「耕畝《こうほ》」と改名している　©TT mk2

長大なものとなります。約一〇〇年にわたって、どのような目的をもって人々はこの鉄道を利用してきたのでしょうか。多くの人たちがこの鉄道にかかわってきたわけですが、一九三九（昭和一四）年の春、このような人が旅をしていました。

種《たね》田《だ》山頭《さんとう》火《か》（一八八二～一九四〇）、言わずと知れた著名な俳人です。明治から昭和初期にかけて、全国を旅しながら自由律の俳句を詠みました。その自由で素直な旋律に魅了される人が多いようです。たとえば、このような句はいかがでしょうか。

分け入っても　分け入っても　青い山

俳句のことをよく知らない私には説明できませんが、季節の美しさや郷愁を誘うこの句には思わず惹かれてしまいます。山頭火は、晩年の旅において、飯田線の前身にあたる四つの私鉄を利用しています。『山頭火全集（第九巻）』春陽堂書店、一九八七年）から、その足跡を辿ってみました。

山頭火は一九三九（昭和一四）年三月三一日、五六歳のときに山口県を出発し、広島から大阪、そして京都へと移動しました。日記には、四月二〇日に愛知県の知多半島から渥美半島へと船で

橋爪玉斎による羽織袴姿の井月の肖像画

井上井月の句碑（六道の堤）

渡り、三河、遠州、信州へと旅を続けたことが記されています。

旅の目的は、彼が影響を受けた長野県伊那市にある井上井月《いのうえせいげつ》（一八八二～一八八七。二一ページ参照）のお墓参りでした。井上井月とは、伊那谷を中心に活躍した俳人です。私たちがお世話になった「伊那 Valley 映画祭」の実行委員長を務められた北村皆雄映画監督の作品に『ほかいびと　伊那の井月』（二〇一一年）という映画があります。この井月を、山頭火は慕っていたようです。

渥美半島に着いた山頭火は、「渥美線」で豊橋まで移動します。渥美線とは、現在、豊川電気鉄道が運営する路線で、愛知県の新豊橋駅と三河田原駅を結んでいます。

この路線は、かつては「渥美電気鉄道」として三河田原駅の先にある黒川原駅まで延びていましたが、第二次世界大戦中の一九四四（昭和一九）年、軍需物資の供出のために廃止されました。山頭火が旅した一九三九年には、廃止された三河田原駅と黒川原駅間にはレールが存在していたということになります。

豊橋に着いた山頭火は、豊橋駅から豊川鉄道（飯田線の前身）で

旧田口線「三河大草駅」の跡

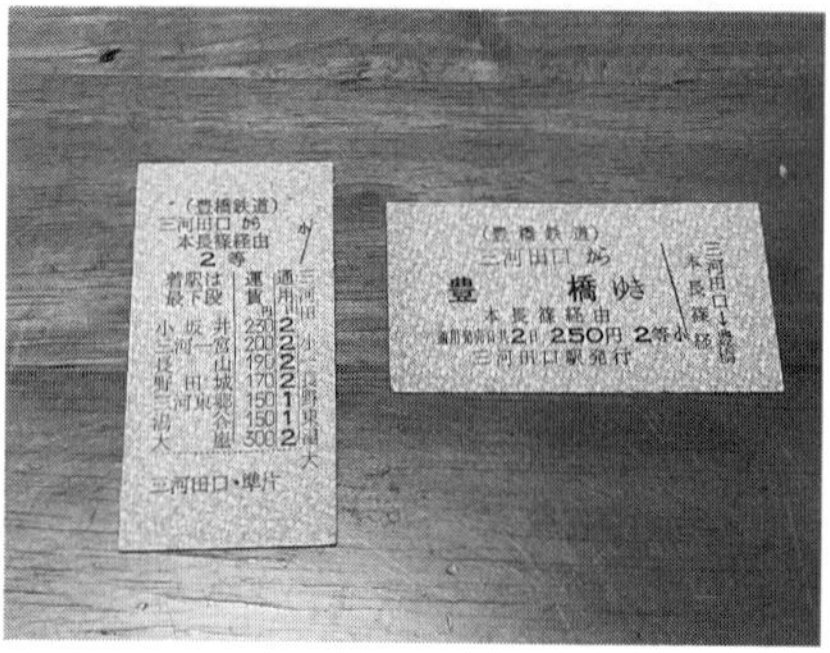

豊橋鉄道旧田口線の切符

豊川駅まで移動し、豊川稲荷（円福山 豊川閣 妙厳寺）に立ち寄っています。出家、得度している山頭火らしい行動ですが、この旅で、愛知県の鳳来寺山（六九五メートル）や静岡県の秋葉山（八六六メートル）などにも参拝しています。

鳳来寺への参拝には、大海《おおみ》駅から鳳来寺鉄道（飯田線の前身）に乗り継ぎ、そして鳳来寺口駅（現在の本長篠駅）からは田口線で鳳来寺駅まで行きました。田口線は一九六八（昭和四三）年に廃線となっていますが、現在は「廃線めぐり」に関心を寄せる人が多くなっているようです。

山頭火が秋葉山へ向かうには、鳳来寺から秋葉街道を利用したものだと私は思っていました。江戸時代には、東海道を歩く旅人が「御油宿《ごゆじゅく》」（東海道三五番目の宿）の分岐から姫街道⑥を歩いて鳳来寺を参拝し、鳳来寺の山麓から秋葉街道を利用して秋葉山を目指すことが多かったと聞いていたからです。旅慣れている山頭火です、江戸時代のように、歩いて旅をするというイメージを勝手に描いていたわけです。

考えるまでもなく、晩年の旅ですから、鉄道をいくつも乗り継いでゆっくりと移動したかったのでしょう。目的地まで行く手段やルートは、気まぐれなほうが楽しいのかもしれません。山頭火から私たちが学ぶべきことは、「旅」という贅沢なのかもしれません。

鳳来寺山を下山した山頭火は、一旦豊橋に戻り、バスや東海道線を使って静岡県の浜松市へと向かいました。東海道を進む山頭火、「二川宿《ふたがわじゅく》」（東海道三三番目の宿）や潮見坂などの絶景に目を留めたことでしょう。潮見坂から見下ろす遠州灘は、現在よりも鮮やかな青さをたたえていたはずです。

さらに東へと進み、浜名湖の南、すぐ前には遠州灘が広がっている新居町《あらいまち》駅（静岡県湖西市《こさいし》）には、

水のまんなかの道がまっすぐ

の句碑があります。山頭火はここで東海道線に乗り換えますが、当時はまだ電車ではなく蒸気機関車でした。その轟音と煙に包まれながら、彼はどのような思いを抱いたのでしょうか。

（6）浜名湖の北側、本坂峠を経由して静岡県磐田市見付町（東海道「見附宿」）と愛知県豊川市御油町（東海道「御油宿」）を結ぶ街道です。

浜松市では、自由律俳誌「層雲」同人の細谷野蕗（生没不詳）の家に滞在しています。なるほど、浜松に寄り道した理由としては句会の予定があったわけです。そして、意外なことに、山頭火は「松菱百貨店」に立ち寄っていました。そこで、「エレベータガール」と前置きをして、次のような珍句を詠んでいます。

ぼうしよこちよに、ハイ七階でありますす、春

松菱百貨店とは、一九三七（昭和一二）年に開業したデパートです。山頭火が訪れたのはその二年後ですから、建物も新しく、人が賑わい、さぞかし華やかであったことでしょう。浜松市のシンボル的な存在であった松菱百貨店ですが、二〇〇一（平成一三）年に閉店しています。

このあと、山頭火は浜松市民に「赤電」と呼ばれて親しまれている遠州鉄道（一九〇七年に「浜松鉄道」として開業）に乗って、現在の浜松市天竜区に移動します。こういう行程で、ようやく光明山光明寺（浜松市天竜区）への参拝を経て、秋葉山へとたどり着いたわけです。日記には、以下のような記述がありました。

四月廿九日　晴、肌寒く、二俣町。

……私としては滞在しすぎました、これから秋葉山拝登、天龍を溯つて信濃路を歩きます、

このように、山頭火自身も浜松に滞在しすぎたと言っています。いよいよ、飯田線が走る現在の浜松市天竜区を北上していきます。

私はというと、山頭火の移動ルートを自動車や鉄道を使って断片的に体験しています。文中からもお分かりだと思いますが、豊橋駅から東海道線や遠州鉄道、そして天竜浜名湖鉄道なども乗り継ぎました。浜松市内に敷設されている飯田線ですが、市街地からはずいぶん外れており、私がめぐっている間、浜松市民にはあまり馴染みがない路線のように感じられました。

政令指定都市浜松市は、二〇二四年より、七区あった区割りを三区に再編しています。飯田線は、長野県、静岡県、愛知県にある九四駅で結ばれていますが、静岡県内にはたった一三駅しかありません。それらの駅は、浜松市天竜区に位置する水窪《みさくぼ》町と佐久間町にあります（要するに、山の中です）。現在工事が進められている「三遠南信自動車道」が開通すれば、浜松市は長野県や愛知県との交流が盛んになることでしょう。そのときには、多くの浜松市民にとって、大切な交通手段、そして観光列車として飯田線が認識されるだろうと期待しています。

山頭火と三信鉄道

秋葉山本宮秋葉神社への参拝を終えた山頭火は、西渡《にしど》（浜松市佐久間町）の宿に泊まります。ここは、古河鉱業が運営する久根鉱山（一五八ページ参照）で栄えたところです。当時は、水運

西渡にある句碑

西渡の町並み

の船着き場や宿場町としても賑わっていたということです。

山頭火は、ここで三信鉄道（飯田線の前身）を利用するならば、佐久間方面へ行って、佐久間ダムが建設される前の佐久間水窪《みさくぼ》口停留場（現在の佐久間駅）から乗車するべきだったでしょう。ところが彼は、遠州と信州の県境にある青崩峠《あおくずれ》を歩いて越えようと水窪に向かったのです。

水窪の町に着いた山頭火、日記に次のように書いています。

> ここで酒屋の若主人から、これからは難路であることを教へられ、逆に電鉄のある方―天龍本流へ戻ることにした、

要するに、青崩峠のルートはやめたほうがよいと、止められたわけです。この当時の飯田線は、佐久間ダムが建設される前です。当然、付け替えルートではありませんから水窪駅は存在しません。また、天竜川沿いの白神《しらなみ》駅への道のりは、青崩峠ほどではないとしてもかなりの難路だったと思います。さらに、この日は天候も悪く、電車も遅れたようです。日記には、白神駅までの道のりや駅の様子、そこから乗車して満島《みつしま》駅

山頭火が立ち寄ったと言われる「やかましや食堂」のあった場所

（現・平岡駅）で下車したときの様子を次のように記しています。

あぶない峠を登りはじめた、間もなく雨が降りだした、やうやく登りつくして、いそいで下る途中で雷雨にたゝかれた、白神《シラナミ》駅に辿りついた時は五時を過ぎてゐた（二里あまりに五時間を費したのだ）、駅といつても駅員はゐない、粗末な小屋があるばかりである、それでも乗る人はあつて数人あつまつた、椎茸買出商人、出稼人、山住神社参詣人、等々で、みんな親しく賑やかに話し合ふ、私は言葉がよく通じないことを残念に思うた、発電所に落雷したとかで停電、電車がおくれて、最も近くて宿屋がある駅といふ満島へ下車して、丁屋に落ちついた時は七時半、山峡は早くもとつぷり暮れてゐた、途中は苦しかつたけれど、風景は申分なかつた、殊に峠を下りつゝ、天龍を見はるかす山のすがたは何ともいへなかつた、絶景絶叫だつた。

当時の風景が浮かんでくるようです。とくに、一九年しか営業されていなかった白神駅を利用しているところは貴重な記録だと言えます。

佐久間ダムの建設によって豊根口駅、天龍山室駅、白神駅が廃止され

青崩峠から見える中央構造線

現在の経路に付け替えられたことは前著『飯田線ものがたり』で紹介したとおりですが、それぞれの駅は、佐久間町の山室集落や水窪《みさくぼ》町の白神《しらなみ》集落とともに佐久間ダム湖に沈んでしまいました。

山頭火が利用したのは、飯田線として国有化される前の三信鉄道の「白神停留所」となります。開業三年目となる白神停留所、山頭火が青《あお》崩《くずれ》峠越えを断念してくれたおかげでその様子を少しだけ知ることができました。

興味深い余談も紹介しておきましょう。難読駅が多いと言われている飯田線ですが、山頭火も大嵐《おおぞれ》駅について次のように書き残しています。

——地名の読み方の珍らしさ、大嵐《オホゾレ（ママ）》など。

「乗り鉄」の山頭火

満島駅（現在の平岡駅）付近の宿で一泊した山頭火、翌日の五月三日、朝九時の列車で天竜峡まで進みます。山と天竜川の鮮やかな緑色がもっとも美しく感じられる若葉のころです。三信鉄道区間の特徴がよく表されている日記の次のくだり、私がもっとも好きな一行です。

――トンネル、トンネル、トンネル、天龍川がちらり〳〵。

車窓の景色、まさにそのとおり！　そして、進む鉄路についてはトンネル、鉄橋というイメージです。飯田線にはたくさんのトンネルや鉄橋があります。本書では、飯田線区間にあるトンネルや橋について太田朋子さんが紹介しています（二九ページと一五六ページ参照）。

三信鉄道の終着駅は天竜峡駅ですが、現在の天竜峡には、『飯田線ものがたり』の天竜峡のところで「完成を楽しみにしている」と締めくくった三遠南信自動車道の「天竜峡大橋」が二〇一九年に完成しています。千代《ちよ》駅のあたりから天竜峡に向かう車窓から、建設中の姿を見上げたことをいまだにはっきりと覚えています。

この橋は車道の下が遊歩道になっているという珍しい造りで、「そらさんぽ天竜峡」(7)という名前のとおり、天竜峡の絶景をまるで空から眺望できるという人気の歩道となっています。そして、川村カ子トが工事中に生き埋めにされそうになったという「天竜峡トンネル」から電車が走って

（7）天竜川から高さ八〇メートルに架けられた長さ二八〇メートルの、天竜峡大橋の桁下にある幅二メートルの歩道のことです。川下りとはまた違った角度から天竜峡の景色を楽しむことができます。天龍峡を背景に、鉄橋を渡る車両の姿が見える絶好のスポットで、歩道のなかほどには時刻表も掲示されています。歩廊の壁となる金網の格子は、隙間から一眼レフカメラのレンズが出せるように設計されています。一八七ページも参照。

「そらさんぽ天竜峡」から見た風景

くる姿が見渡せることもあって、鉄道マニアにとっては最高の撮影スポットとなっています。

山頭火がこの景色を見たらきっと驚いたことでしょう。とはいえ、山頭火が下車した時代も、天竜峡は素晴らしい景勝地でありました。

　十時、天龍峡駅下車、姑射橋附近の眺望がすぐれてゐる、枝垂桜、朴の若葉がよかつた、遠く連峯には雪がかがやいてゐる。

——

このように日記には書かれていましたが、五月の山並みにはまだ雪が残っていたようです。私たちが取材中に聞いたことですが、伊那から天竜峡に嫁いだ女性が、「天竜峡の高台から見える中央アルプスの駒ヶ岳を指して『西駒』、そして甲斐駒ヶ岳を『東駒』と呼ぶ」と言っていました。さらに彼女は、「故郷のほうに見える山をここから見るのが好きなの」とも言っていました。山頭火も、雪がかかる山々を見て、この女性のように伊那谷を近くに感じていたのかもしれません。

このあと山頭火は、伊那電気鉄道に乗り継いで、いっきに伊那にたどり着きます。意図したわけではないでしょうが、これで山頭火は、現在の飯田線になる前の、豊川鉄道、鳳来寺鉄道、三信鉄道、伊那電気鉄道という四つの旧私鉄すべてに乗車したことになります。

そのほかに、ここに紹介しただけでも渥美線、田口線、東海道線、遠州鉄道に乗っています。現在では乗ることができない廃鉄道も含まれています。「乗り鉄」からすれば、実に羨ましい旅と言えるでしょう。

さて、山頭火が歩いて越えるつもりだった県境にある青崩峠《あおくずれ》についてですが、三遠南信自動車道のトンネルとして二〇二三年五月に貫通し、話題を呼びましたので、次節で紹介します。


（神川靖子）

三遠南信自動車道の「青崩トンネル」

青崩トンネルは、三遠南信自動車道の長野県と静岡県をつなぐ重要なトンネルです。二〇二三年五月二六日、「トンネルが貫通した」と多くのマスコミが報道しました。この工事、「かなりの困難を極めた」と聞いています。それだけに、青崩トンネルの貫通は、三遠南信地域の交流や発展を期待されるだけでなく、「日本の土木工事技術として歴史的な快挙である」と注目を浴びたわけです。

このニュースはＳＮＳ上でも全国的に話題となり、飯田市南信濃和田にある「食楽工房 元家《げんや》」

受験生にも人気の貫通石

三県の結び付きを象徴するカレー

では、「青崩《あおくずれ》トンネル貫通記念カレー」というオリジナルメニューの提供をはじめているほどです。このカレー、長野と静岡をつなぐトンネルとして愛知県豊橋名物の竹輪が使用されているほか、三県の結び付きを象徴するユニークなものとなっています。

また、国土交通省浜松河川国道事務所や飯田国道事務所は、掘削《くっさく》した石をお守りとしてそれぞれの市に贈呈したところ、各市はこれを「安産祈願」、「難関突破」として配布することになり、多くの人が手に入れるために殺到したとも聞いています。

二〇二三年は、伊那電気鉄道時代から数えて「飯田駅開業一〇〇周年」という記念の年でもあります。飯田線は、一九三七（昭和一二）年八月二〇日に全通していますので、すでに九〇年近くの歴史があります。そう考えると、やはり飯田線というのはすごい！

古くから三遠南信地域を結ぶ重要な交通手段であっただけでなく、歴史や文化を物語る重要な存在であり続けているのです。さらに、ルート変更時には、「大原トンネル」や「第六水窪《みさくぼ》川橋梁」などといった難工事を成功させたという土木工事技術の「傑作」を備えているのです。

リニアをイメージした飯田駅の待合室

まだまだあります。近年、飯田駅のホームには、リニア新幹線をイメージした新しい待合室が設置されており、未来への期待を感じさせています。

このように、過去、現在、未来という歴史の流れを存分に感じさせてくれる飯田線ですが、ゆっくりと走る飯田線に乗って、三遠南信地域の歴史や地形を感じながら、その結び付きを再確認したいです。

（太田朋子）

初代豊川駅舎は……

初代豊川駅舎は、一八九七年（明治三〇年）の開業となります。開業当時は、草が生い茂るという荒れ地のなかにある停車場だったようです。時とともに周囲が整備され、豊川稲荷への参詣客で賑わうようになるとともに、本殿の落慶法要に合わせて、一九三一（昭和六）年、鉄筋コンクリートの三階建てのビルに改築されました。一階には待合室と食堂、二階には百貨店、そして三階には映画館も入っており、「東洋第一モダン新停車場」と言われたそうです。

一九四二（昭和一七）年に西豊川駅への支線が開通したことで、豊川海軍工廠で働く人がたく

コラム
飯田線こぼれ話

下地駅《しもじ》の駅舎

2024年4月、リニューアルされた「世界で初めて東海道新幹線再生アルミを活用した駅」（3月16日共用開始）となった下地駅へ行ってきました。環境負荷低減の取り組みとして、駅舎の柱や梁などに、N700系で使われていたアルミが再利用されたのです。

名鉄電車（下り）が通過

下地駅の下りと上りのホームが離れているのは、かつて東海道本線の下りを飯田線の下りに転用したからですが、その空いているスペースに、線路設備で使った枕木が再利用されて敷かれています。そして、豊橋駅から平井信号場区間（下地駅と船町駅）は、下り線をJR東海、上り線を名鉄が共有していることは知っていましたが、ひっきりなしに名鉄の電車が通過します。飯田線の列車はもちろんのこと、すぐ向こう側には東海道本線の電車や貨物列車、さらに、その向こう側を東海道新幹線が走っています。無人駅なのに、さまざまな列車が見られる下地駅、鉄道ファンにはたまらない駅と言えそうです。

下地小学校の大イチョウ

四季の移り変わりをイメージし、駅舎のガラスのモチーフとなった豊橋市立下地小学校のイチョウも実際に見せてもらいました。豊橋大空襲で大半が焼けながらも大きく成長し、台風で被害を受けてもスクスクと育ち、校外学習に出掛ける際、子どもたちが「大イチョウさん、行ってきます！」と挨拶していると、大岡洋子校長が話されていました。黄葉時には地域の人も鑑賞に来るというほど、地域に愛されているイチョウです。

さん利用するようになりました（八八ページ参照）。そして戦後、一九五三年には飯田線工事事務所（付替線工事、一六四ページ）の本所としても使用されています。この二代目となる駅舎が完成した際、「初代豊川駅舎」が不要となったため、その建物を「長山遊園地」に移築して、「食堂演芸場付大休憩ホール」として利用されたと言います。

長山遊園地について、『新編豊川市史（第三巻）』には次のように書かれていました。

「長山遊園地」に移築された「初代豊川駅舎」（豊川市桜ヶ丘ミュージアム所蔵）

長山駅のすぐ近く、豊川の流れを見下ろすことのできる段丘上に、野性つつじが群生していた地を昭和五年（一九三〇）から二〇年の期限付き契約で地元の所有者から借用し「つつじ公園」を開設した。その後昭和七年ごろから公園施設を充実して「長山遊園地」となし、公園の中心に改築のため不要になった豊川駅の駅舎を移築し、内部に休憩所や食堂喫茶店、娯楽設備を設けた。この建物の横には二〇〇メートルトラックのグラウンドが造られ、すべり台やぶらんこなど遊具のある広場を造り、ツルやカモ、オシドリなどがいる大きな鳥小屋や、キツネやタヌキ、イノシシなどが飼われた小屋も造られ、花畑には四季折々の花が植えられ、公園のまわりのつつじ園とともに一大遊園地

休憩所の階段

となっていた。グラウンドは地元小学校の合同運動会や地域の連合運動会にも利用され、花火大会や各種イベントなども行なわれ、多くの人々の楽しみ場になっていた。しかし、戦争が激しくなるにつれグラウンドと同様、広大な土地も食料増産のため、畑に開墾されてしまった（注）（戦後は地主に返され住宅地になった）。（前掲書、九六ページ）

住宅地となった今も、休憩所の建物の一部がその場所に存在することを知った私は、二〇二四年四月、訪ねてみることにしました。休憩所の半分が切断された形で建物と土地を購入した小沢専治という人が、名古屋から移り住んだと言います。

実は、孫の小沢慎一さんにこの建物の案内をお願いしていました。当日、飯田線に乗って、待ち合わせとなった長山駅へと向かいました。遊園地の案内図を見ながら歩いてみたいと思っていた私は、「飯田線展」（桜ヶ丘ミュージアム、二〇〇三年）の五二ページに記載されている「豊川鉄道沿線長山遊園地案内図」を複写して持参していました。駅に着くと、まるで申し合わせたかのように、小沢さんもタブレットの画面に同じ案内図を表示して、私を出迎えてくれました。

案内図にある「駅から真っすぐ伸びていた休憩所（初代豊川駅舎）までの道は、現在はありま

現在の JR 豊川駅の西口

せん」ということで、脇道を歩いていくことにしました。その途中、「ここが、子どものころに『猿山』と言っていた場所で、檻の跡があります」と言いながら指をさされた民家の庭先には、曲線を描いた縁石が残っていました。少し歩いたところで、昨年まで民家として使われていた休憩所（の一部）に到着です。昔の写真にも写っている、休憩所のグラウンド側にある階段は現在も残っています。階段下の丸い石柱の位置からすると、土の下にさらに二段くらいが埋もれているのではないかということでした。

少し離れて眺めてみると、屋根の形から、建物が南西部分を残して半分に切断されたことが分かります。軒を支えていた礎も、場所は変わっていましたが、残されています。豊川の「川」の字が分かる鬼瓦も残っていたと言います（豊川市へ寄贈済）。改築に改築を重ねたそうですが、屋根の外観や石段は、初代豊川駅舎や人休憩ホールの面影をうかがわせるだけの十分な姿を残していました。

「つつじ園」があったであろうという場所も案内してもらいました。庭先に色とりどりのつつじが咲いているお宅があったので、小沢さんと私は、つつじ園の名残りかもしれないと想像しながら、そこから豊川《とよがわ》を眺めてみました。まさに、この地が河岸段丘であることを実感できる眺め

水上ビルと emCAMPUS

バラック建築が残る西駅周辺

でした。当時の人々も、こうして豊川《とよがわ》を眺めたのでしょう。

最初の一〇年くらいは、小沢家以外には家がなく、文字どおり一軒家だったそうです。地域の人は、今から四〇年くらい前までは、このあたりのことを「公園」と呼んでいたようで、「公園の小沢と言えば、何でも配達してもらえた」と話していました。

さて、現在の豊川駅舎は三代目となります。一九九六（平成八）年に東西自由通路を併設する橋上駅舎が建設され、今に至っています。時の流れを感じてしまいます。

（神川靖子）

故《ふる》きを温《たず》ねて

豊橋駅の西口は、地元の人に「西駅」という愛称で親しまれています。このことを教えてくれたのは、豊橋にある大学に四年間通っていた山﨑洸一さん（取材当時二四歳）です。実は、この日、彼のガイドのもと私は豊橋をめぐりました。

なるほど！　確かに、豊橋名物の「ヤマサちくわ」の店舗も「西口店」ではなく「西駅店」となっていました（一一二ページも参照）。西駅の周辺は古くからのバラック建築が残っているエリアで、並んでいる店は「暗渠《あんきょ》」と呼ばれる水路の上に建つ、珍しい構造となっています。最近では、その古い趣を活かした飲食店が増えており、賑わいを見せています。

豊橋で水路の上に建つビルといえば、何といっても「水上ビル商店街」が知られています。私が若いころ、確か、お気に入りの輸入レコード店が入っていました。当時の水上ビル商店街は、活気があるというイメージではありませんでしたが、現在では、レトロな雰囲気が新しい世代に人気となっているようです。そして二〇二一年、水上ビル商店街の向かいには「emCAMPUS」という大型の複合施設がオープンしました。

昭和の時代に子どもだった私にとって、豊橋は飯田線で行く「お出かけの街」でした。そして今では、「思い出の街」となってしまいました。あのころ、目立つ建物といえば、屋上遊園地やレストランがあった「西武デパート」です。いわゆる高度成長期に造られた建造物なのですが、デパートにかぎらず、それらの建物はすでに老朽化し、解体されています。当時と変わらないのは、市電がゆっくりと通りを走る姿です。懐かしさに浸りたかった私でしたが、山崎さんのような若い人と共有できるはずがありません。この日は、彼の豊橋案内を楽しむことにしました。

山﨑さんに連れられて、「emCAMPUS」の中にある「豊橋まちなか図書館」に立ち寄ったの

豊橋まちなか図書館の外観と内部

ですが、「これが図書館だろうか！」と驚いてしまいました。たくさんの人が広い階段に座って本を読んでいる姿、まるで屋外にある公園のごとくです。カフェが併設されているので飲食が可能ですし、イベントやサークル活動ができるようにもなっています。もちろん、外観も美しい！

興奮してしまった私ですが、書棚の上に展示されている写真に釘付けとなってしまいました。空から街を撮影した古い航空写真には、緩いカーブを描いて並ぶビル群の姿が映っているのです。今いる建物の向かい側に「水上ビル商店街」があるのですが、もちろん、それも写っています。

図書館を出た私たちは、二つの建物の間にある「まちなか広場」に立ちました。近代的なビルと歴史のあるビル、それらは、対照的でありながら調和しているように見えます。「水上ビル商店街」に新しいエネルギーが加わっているからでしょう。

若い人の創造力に感心しながらも、少し寂しさを覚えてしまうのは年齢のせいでしょう。そういえば、山崎さんとは親子ほ

レコード店の看板

どの歳の差があります。でも、この空間における二人の組み合わせはなかなか愉快に思えてきます。先ほどまでの気持ちとは裏腹に、「懐かしさ」という歓びを、目の前の若者が受け止めているような気がしてくるのです。

「水上ビル商店街」には、私が通ったレコード店はもちろんありませんでしたが、色褪せた看板を見つけた私、前を歩く山﨑さんを思わず呼び止めてしまいました。

「ほら、ここにレコード店があったんだよ！」

（神川靖子）

三河戦国の旅

三河路をめぐる、私にとっては「戦国時代を訪ねる旅」となります。二〇二三年のNHK大河ドラマ『どうする家康』の影響で、この年における私の飯田線の旅は歴史散策がお決まりとなっていました。大河ドラマでは、三河地方における親しんだ地名が度々紹介されていました。飯田線の沿線が舞台となるわけですから、ドラマも旅も数倍楽しめるというものです。

牛久保の史跡めぐり

豊川市の牛久保駅、ここには立派な木造の駅舎があります。車寄せの四本の柱にはタイルが施されており、レトロな雰囲気を醸し出すという魅力的な造りとなっています。付近には、かつて「東洋一の規模」と言われた「豊川海軍工廠」（八八ページ参照）がありました。

当時は、通勤の最寄り駅として利用する人が多かったのでしょう。天井の高い、大きな駅舎です。この駅を行き交う人の姿を想像してみました。当時の人々とともにこの駅舎は複雑な歴史を見つめてきたのでしょう。何とも言えない寂寥感《せきりょうかん》が漂っていました。そんな駅舎も二〇二三年中に取り壊されるということが決まり、取材に訪れた日も、駅舎の外観や内装まで熱心に撮影している人がいました。そして現在、駅舎は解体され、跡地には簡易的な建物が置かれています。駅も無人化され、飯田線の駅で初めてとなる「お客様サポートサービス」（遠隔で切符の販売や精算などを行う）が導入されました。

2023年に取り壊される前の駅舎

さて、牛久保駅には「史跡めぐりコース」の看板が掲げられており、ウォーキングをしながら楽しむ人が多いようです。また、駅の玄関には、二〇〇七年に放送された大河ドラマ『風林火山』の幕がいまだに掲げられていました。ほかの駅では、「徳川家康ゆかりの地」と書かれた旗やポスターを見かけてきましたが、牛久保駅では「山本勘助のふるさと」が一番の売りになっているようです。

武田信玄（一五二一〜一五七三）の軍師、山本勘助（一五〇一〜一五六一）が養子に入った先がこの地だということで、しばらくの間、勘助は牛久保で暮らしていたようです。それが縁なのでしょう、駅から一〇分ほど歩いたところにある「長谷寺《ちょうこくじ》」には勘助の遺髪を納めている墓がありました。

今川義元の胴塚

そして、意外なことでしたが、牛久保には桶狭間合戦で首をとられてしまった今川義元（一五一九〜一五六〇）の胴塚があるのです。主君の遺体を運ぼうとした家臣が、駿府に戻る途中、遺体の傷みがひどくなったためにこの地に埋葬したと言われています。
この胴塚は「大聖寺《だいしょうじ》」という寺にあるのですが、このあたりは一四三九年に築かれた「一色城《いっしきじょう》」があった場所だということです。高台にある境内からの見晴らしがとてもよいのですが、何か違和感があります。眺望を前にたくさんの石仏が祀られており、その背後を、至近距離で飯田線の電車が通り過ぎていきます。その線路の南側が、不自然なほど急に低く下がっているのです。まるで断崖絶壁です。

牛窪城址の案内板

あとで牛窪城跡の案内板に描かれた古地図を見ると、ここには天然の堀、つまり川があったところだということで納得しました。

さて、歴史上の有名な人物の名前を二人挙げてみましたが、徳川家康（一五四三〜一六一六）についてはどうでしょう。

松平元康（徳川家康）は織田信長と和睦し、今川方の配下にある牛窪城（牛久保城）に奇襲をかけました。これは、今川氏真《うじざね》（一五三八〜一六一四・義元の長男）からしてみれば思いもよらぬ元康の「裏切り」であったはずです。

牛久保駅から踏切を渡ると、すぐに牛久保城址の案内板があり、やや狭い公園のような敷地に石碑が立っていました。そこにある古地図を見ると、牛久保駅がある場所も城域となっているようです。

牛窪城は、元康が今川氏から自立する決意を露わにした舞台と言えます。元康はこの牛窪城への奇襲をきっかけにして三河平定に乗り出したわけですが、そのような地に今川義元の胴塚があるというのは、つくづく因縁めいています。のちに元康は、今川義元からもらった「元」の字を返上し、「家康」と名を改めています。

戦国を生き抜くための家康の覚悟、私には想像することもできませんが、城跡から義元の胴塚

設楽町の田峯城跡

新城市の亀山城跡

がある大聖寺《だいしょうじ》の方角を眺めてみました。ちょうどそのとき遮断機が下りる音が鳴り響き、電車が私の視界を塞いで激しい音を立てて走り去っていきました。家康は、時代の大きな力に遮られ、今川義元に対する心を切り離していったのかもしれません。

長篠の合戦

二〇二三年六月に大河ドラマで「長篠の合戦」が放送されたわけですが、私はひと足早い五月のうちに「山家三方衆」の城をめぐっています。長篠城の菅沼氏、亀山城の奥平氏、田峯城の菅沼氏、この三氏族を指してこのように呼ばれています。

亀山城内の曲輪は整備が行き届いており、なかなか見応えがありました。田峯城では、復元された物見櫓から霧立つ山々が見え、風の音だけが聞こえる静けさに往時の情緒が漂っており、身震いがするほどです。戦国の複雑な情勢のなか、武田氏と織田氏、いったい誰に従えばよいのか、その決断によって家の存続や運命が決まるのです。親族同士の争いも起こるなど、常に

設楽原の馬防柵

設楽原歴史資料館

緊迫した状態であったのでしょう。

さて、長篠城のヒーローといえば、何といっても鳥居強右衛門《とりいすねえもん》（一五四〇～一五七五）です。飯田線の鳥居駅は、この強右衛門の名に因んだものです。前著『飯田線ものがたり』（九八ページ）でも紹介していますので、そちらも参照していただきたいのですが、強右衛門の忠誠心は地元における歌舞伎の題材にもなっています。いったい、どのように描かれているのでしょうか。ぜひ、観劇したいものです（https://note.com/calm_oxalis631/n/n217aa291c01c 参照）。

長篠城駅からほど近い長篠城址を会場として、五月には「長篠合戦のぼりまつり」が開催されたようですが、残念ながら、私はこれを見逃してしまいました。

甲冑《かっちゅう》を身にまとった鉄砲隊による火縄銃や陣太鼓の演武、そして勇壮な武者行列が見られるということです。両軍の霊を慰める祭りであるということですが、戦国時代のファンにとっては一見の価値がある迫力のあるものだと思われますので、こちらのほうもぜひ見てみたいと思っています。

火おんどり（出典：キラッと奥三河観光ナビ）

信玄塚

馬防柵がある古戦場

設楽原の古戦場へは、三河東郷駅が最寄り駅となります。「設楽原歴史資料館」へ向かう途中、開けた場所に馬防柵が見えてきます。武田軍と織田・徳川の連合軍は、連吾川《れんごがわ》を挟んで対決しました。柵があることで地形や陣の配置が確認しやすいこともあって、合戦の跡地として観光紹介にひと役かっています。この柵は「設楽原を守る会」という団体がボランティアで維持管理されているとのことですが、長期にわたる活動に頭が下がります。

ここで、思わず鉄砲隊の真似をして柵の間をのぞいてみました。目の前には田植えを終えた水田が広がり、青い空と雲が映っています。激しい合戦とはほど遠い穏やかな風景でした。しかし、ここで、たくさんの人が命を落としているのです。信玄の終焉の地については諸説あるようですが、この付近にも「信玄塚」があります。八月一五日には、合戦の戦死者を慰めることを目的として「火おんどり」（愛知県指定無形民俗文化財）という祭りが四〇〇年以上にわたって行われています。

馬防柵を模した三河東郷駅

　このように、あたり一帯では、季節を通して大きな戦で命を落とした武者たちを弔う行事がいくつか行われています。それらの行事に合わせて史跡めぐりを行うというのが、一番贅沢な旅になるのかもしれません。

駅に戻ってひと息つき、「三河東郷駅」という文字を見たとき、まるで現世の入り口のような感じがしました。私の歴史探訪は、いつも駅でリセットされるようです。三河東郷駅は、「設楽原」ではなく、なぜこのような名前になったのでしょうか。「三河槙原」や「三河大野」など、頭に「三河」と付く駅名が多いので、いつも気になっていた駅名です。

　この駅は、新城《しんしろ》市との合併前には南設楽郡東郷村に位置していたようです。スマホで地図アプリを開いてみました。付近には「川路」という地名があります。ふと、長野県飯田市に「川路駅」があることを思い出しました。すぐさま調べてみると、豊川鉄道の時代には「川路駅」であったとのことです。しかし、長野県の伊那電気鉄道に同じ駅名があったため、愛知側を「三河東郷駅」に改名したということが分かりました。

　もちろん、駅名をめぐって争ったわけではないでしょうが、思わず「信州に軍配が上がったのだ」とつぶやいてしまう私の「戦国の旅」は、どうやらまだまだ続きそうです。

第2章

夏

天龍や夏白鷺の夕ながめ

（井上井月）

「ミツシマ」という駅

（神川靖子）

夏、飯田線の車窓からは、釣り人や水遊びをする子どもの姿といった、自然豊かなローカル線ならではの光景が楽しめます。今日では穏やかな時間を提供する美しい路線となっている飯田線ですが、軍事輸送に使用された時代もありました。ここでは、そのような時代における飯田線のお話を紹介させてもらいます。

太平洋戦争開戦中、長野県天龍村の平岡駅付近に「満島俘虜《ふりょ》収容所」[1]が開設されていたことをご存じですか？　二〇一七年に『飯田線ものがたり』を出版して間もなくのことです。私宛てに、ある人物から一通のメールが届きました。それは、浜松市に住む名倉有一さんという男性からのものです。

名倉さんは、日本各地にあった捕虜収容所の歴史に深い関心があり、その研究や調査をされています。満島収容所に拘束されていたイギリス人の元捕虜については、彼らを探し出して手紙での交流を行い、体験談を翻訳されています。そして、それらを『長野県・満島収容所・捕虜生活と解放の記録』（ウィリアムズ、アルフレッド・A　ワインスタイン、オリバー・L・ゴードン／名倉有一編、名倉有一・名倉和子訳、私家版）という本にまとめられました。この本は国立国会図書館や浜松市立図書館などに寄贈されており、私は浜松市図書館で借りて読みました。

名倉さんの記録によると、一九三二（昭和一七）年に満島俘虜収容所が現在の長野県天龍村に設置されて、欧米人を中心とした連合国の人たちが多数収監され、平岡ダムの建設にかかわる重労働を強いられていたということです。この記述を読んで、私は愕然としました。名倉さんは、『飯田線ものがたり』でこの事実について触れられていないことを残念に思って、私にメールを送ってくれたのかもしれません。

『飯田線ものがたり』の表紙に写っている風景は、平岡駅の近くにある羽衣崎橋付近で撮影されたものです。新緑と静寂に包まれたダム湖、緑色の背景に、オレンジ色の帯をつけた電車が大きな音を響かせて現れます。そう、『飯田線ものがたり』における私たちの旅のはじまりは平岡駅でした。

川村カ子トが偉業を成し遂げたことに感激した私が、飯田線の存在に惹かれて執筆をはじめるきっかけになった場所がここだったのです。そのときは、平岡ダム湖を美しい景勝地として紹介したにすぎませんでした。

平岡ダムは一九四〇（昭和一五）年に着工し、一九五一年に完成しています。佐久間ダムが完

（1）第二次世界大戦まで、日本陸軍では「捕虜」ではなく「俘虜」と呼んでいました。

成する前には、「発電量は東洋一」と言われたダムです。昭和期における国家プロジェクトの歴史的な背景には、美談だけでは語りきれないことがあったわけです。美しい景観の裏側にあった出来事を、名倉さんは私に伝えようとしてくれたのです。

しばらくは気になってはいたものの、日常の仕事に追われ、平岡駅を再訪することもなく過ごしていました。そんなころです。二〇二〇年一一月に「伊那 Valley 映画祭」（「まえがき」参照）が伊那市の「かんてんぱぱ」の西ホールで開催されたとき、その会場で『山本慈昭　望郷の鐘　満蒙開拓団の落日』（山田火砂子監督、現代ぷろだくしょん配給）という映画を鑑賞しました。そして、次のような言葉を聞いたのです。

「日本人を信用できないのは、日本人が過去について学ばないからだ」

映画の解説をされていた人が、中国を訪れた際に現地の人から聞いた言葉です。私の胸に強く、そして痛く刺さりました。

この映画では、平岡ダムの中国人慰霊碑が映し出されるシーンも描かれています。かつて平岡ダムを見学したときに私は、中国人慰霊碑を見て、「犠牲になられた方がたくさんいたのですね」とつぶやいただけでした。飯田線に旅の触れ合いを求めて取材をしていたころの私は、このよう

平岡ダム

な歴史について学ぼうとしていなかったのです。
「伊那 Valley 映画祭」が開催された翌週、飯田線に乗りました。もちろん平岡駅で降りるためです。駅から天竜川のほうに坂道を下っていくと天龍中学校（二〇二四年四月より天龍小中学校）があります。その敷地の奥にあったのが「外国人捕虜《ほりょ》慰霊碑」です。そして、校庭のあたりに「満島俘虜《ふりょ》収容所」があったということです。子どもたちが元気に活動している学び舎。そんな姿とは対照的に、多くの人が自由を拘束され、苦しんでいた収容所があったのです。

中国人慰霊碑

平日の中学校は穏やかな日差しに包まれており、このような歴史が事実だとは信じがたく、このときの私には実感することができませんでした。天龍中学校を後にした私は、自慶院《じけいいん》（長野県下伊那郡天龍村平岡）という曹洞宗のお寺を訪ねてみました。平岡ダムサイトにある中国人慰霊碑のほかにも慰霊碑が複数あることを知って、まずはここを訪ねたのです。

一般の墓地のなかに建立されていたので少し探しましたが、花が供えられている石碑に「興亜建設隊殉職者の碑」という文字が確認できました。のちに元天龍村教育委員の川上正明さんと私は知り合うことになりますが、この数か月後、「興亜建設隊殉職者の碑」について、「いったいこれは何の碑なのですか?」と私は尋ねています。川上さんは、「こち

外国人捕虜慰霊碑

天龍中学校

らも中国人労働者の慰霊碑ですよ」と教えてくれました。

川上さんによると、少し離れた山には「中国人火葬場」があると言います。川上さんは、ここで犠牲になった中国の人たちのことを、「とても短い時間では語ることができません」と話されていました。

自慶院《じけいいん》の境内はイチョウの落ち葉で黄色く彩られ、それは鮮やかでしたが、そのなかにある苔むした碑を見て、重い歴史を感じずにはおられません。高台に立つこのお寺の鐘楼あたりからは、天竜川の流れや対岸の山並みが美しく広がっています。ふと、ここで、名倉さんの著書のなかに書かれていた元英国人捕虜のチャールズ・ウィリアムズの言葉が浮かびました。

「急流をみおろす険しい崖にある鉄道駅へ到着した」と、ウィリアムズは降りた駅について表現しています。本当に、この平岡で起こったことなのだろうか……。

ウィリアムズの目に映った風景を想像してみると、モノク

自慶院の鐘楼

ロの世界です。それを自分の目に映っている鮮やかな風景と重ね合わせたとき、彼がいた過去と自分がいる現在の場所が急につながれたような、リアルな感覚がして唇が震えました。このような体感が、現地を訪れることの大切さなのかもしれません。

ウィリアムズが降り立った駅は「ミツシマ」……。そうです！　まぎれもなく、長野県天龍村にある現在の平岡駅なのです。

・一九三六（昭和一一）年　三信鉄道満島駅開業。
・一九四一（昭和一六）年　太平洋戦争はじまる。
・一九四二（昭和一七）年　満島収容所が開設。
・一九四三（昭和一八）年　飯田線が国有化される。
・一九四五（昭和二〇）年　終戦。
・一九五二（昭和二七）年　満島駅は平岡駅と改名された。

龍泉閣の3Fから撮影した平岡の町

平岡駅

戦時下の飯田線

飯田線には、私鉄時代からのあまりにも長い歴史があります。よく考えてみれば、時代の変化によって、さまざまな目的をもって運用されてきたはずです。前著『飯田線ものがたり』の旅路でメモをしていた手帳を開いてみると、戦時下の飯田線についてはただ一行、「軍事物資や軍兵の移動にも使われていた」ということだけを書き留めていました。書き留めたままではただのメモにすぎないということを、満島俘虜《ふりょ》収容所で思い知らされたばかりです。

「戦時下における飯田線」で検索すると、そこには必ずといっていいほど登場する「豊川海軍工廠跡地」にも足を運んでみました。豊川海軍工廠とは、愛知県豊川市にあった軍事工場です。アメリカ軍の空襲によって被害を受ける危険性が高まると、飯田線沿いに平野部から山間部への疎開工場の建設が計画されました。

長野県の川路村（現在の飯田市川路）は飯田線で愛知県とつながっており、地形や交通の面で適していました。原英章氏による「豊川海軍工廠の天竜峡分工場」（飯田市歴史研究所）という調査報告書には、「川路

川路の疎開工場跡

村に疎開工場が建設された」ことが記述されていました。そのほかにも、静岡県佐久間町の「浦川」や「中部天竜」にも分工場があったとされる記載を（現場は確認できず、資料のみ）見つけることができました（国立公文書館、アジア歴史資料センター「豊川海軍工廠　各種調査書」参照）。

　このように飯田線は、戦争の兵器や物資だけでなく、工場で働く人々や出征する人たちを運ぶ役割を担っていたことが分かります。戦時中、人々の命や重い気持ちを乗せて走った鉄道でもあったわけです。豊川海軍工廠については、次節（八八ページ）で太田さんが詳しく紹介しますので、話を満島俘虜収容所に戻します。

連合軍捕虜と日本人との交流

　日本軍の捕虜となる前のウィリアムズは、太平洋に浮かぶマキン島に英国植民地省の職員として駐在していました。一九四一（昭和一六）年、二三歳のときに日本軍に捕らえられて満島俘虜《ふりょ》収容所に移送され、自由を奪われた生活を余儀なくされました。

解放されたのは終戦の年、一九四五（昭和二〇）年九月二日で、飯田線で豊橋駅へ、そこから東海道線を走る蒸気機関車に乗り、アメリカ軍の上陸用船艇が並んでいた新居《あらい》駅（静岡県湖西市新居町）付近の海辺から帰国しました。

このときの新居町の様子が、『戦争と新居　町民が体験した太平洋戦争』（新居町史研究会編、新居町教育委員会、一九九七年）に記されていました。

> あくる朝、潮見観音にお参りに行き、高い所から表浜を見ると、大きな軍艦が停泊していました。初めて見る軍艦に、またまた驚きました。それが三日ぐらい続きました。はじめはこわかったアメリカ兵でしたが、キャラメルやチューインガムをまいてくれたりしたので、汽車が駅に着くと子供たちがもらいに行くようになりました。

そして、ウィリアムズは、帰国したのち、一九九四（平成六）年に七五歳でこの世を去ったということです。

名倉さんの記録である「長野県・満島収容所・捕虜生活と解放の記録」を読むと、チャールズ・ウィリアムズをはじめとする捕虜の強制労働や収容所での生活が過酷かつ凄惨であったことが分かります。そんななか、「満島駅」（現在の平岡駅）での労働時に女性駅員の姿を見かけると、「唯一心が癒された」と書かれています。

彼女らは、捕虜となった人たちに対しても、ほかの人への態度と変わらずに接していたそうです。それは、彼らが見た当時の「満島駅」における一つの光景です。戦時中、男性に代わって女性が国鉄職員として鉄道を支え、活躍していたという話を聞いたことがありますが、もしかしたら、彼女たちもさまざまな苦悩を抱えていたのかもしれません。(2)

ウィリアムズは、平岡ダムの建設における砕石運搬の労働にも携わっていたということですが、日本人の温かみに触れ、「親切な日本人もいた」と証言しています。ウィリアムズの言う「親切な日本人」とは、原田源燈《げんと》（故人）さんです。

原田さんは、ウィリアムズの作業現場において現場監督のような役割をしていました。陽気な性格で、ノルマ以上の作業を強いることはなく、休憩時間にはウィリアムズら捕虜と一緒に相撲をとったりして過ごした、と書かれています。

ウィリアムズに贈られた印半纏《しるしばんてん》

（2）出征していた男性職員に代わって採用された女性職員は、男性と同じ仕事をしていました。終戦後、一九四九（昭和二四）年七月一五日の辞令により、ほとんどの女性が解雇されています。

原田さんはすでにお亡くなりになっていますが、孫の原田馨《かおる》（六二歳）さんが、「祖父にとっては、彼らは捕虜ではなく仕事仲間だったのでしょう」と答えています。その言葉を裏付けるような出来事が記録されていました。

ウィリアムズが帰国する際に原田さんは駅まで見送りに行き、ご自分の印半纏《しるしばんてん》（屋号や家紋などを染めた半纏のこと）を餞別としてウィリアムズに贈っていたのです。ウィリアムズは、長い間、その半纏を大切に保管していたと言います。

父親の足跡をたどる旅

二〇二三（令和五）年九月一四日、ウィリアムズの娘であるキャロライン・タイナー（七四歳）さんが「平岡ダムの歴史を残す会」の代表である原英章さんの案内のもと、天龍村を訪れるという情報が名倉さんから届きました。原田馨さんに、父親が遺した印半纏を返すことも目的の一つであったと言います。

九月の午前中だというのに夏の暑さが衰えを知らず、私は額に汗をかきながら、平岡ダムサイトの中国人慰霊碑の近くに車を停めて、彼女たちの到着を待っていました。一〇時を少し過ぎたとき、キャロラインさんを乗せた車が到着しました。多くの報道記者の前に現れたキャロライン

中国人慰霊碑の前で

外国人捕虜慰霊碑の前でインタビューを受けるキャロラインさん

さんの表情は、彼女が着ていたピンクのワンピースによく映える明るい笑顔でした。

彼女は、ご主人と娘さんとともに家族三人で天龍村にやって来ました。ここでは、通訳の人から多くの中国人が亡くなったという悲しい歴史について説明を受け、カメラのシャッター音が響くなか、ご家族は慰霊碑に手を合わせていました。すぐ近くにある平岡ダムの堤体《ていたい》（本体）に立った彼女は、「父親がどんな仕事をしていたのか」と関係者に熱心に尋ね、「父が建設に携わったダムの上に立っているのですね」と感慨を深めているようでした。

その後、彼女は、父親がかつて暮らした天龍中学校の敷地内にある外国人捕虜《ほりょ》慰霊碑に向かいました。慰霊碑の前で静かに祈ると、彼女は慰霊碑の後ろ側に回りました。そこには、多くの連合軍捕虜の名前が刻まれています。その一つ一つに、彼女はゆっくりと目を通しているように見えました。

収容所での過酷な生活に関する説明を受けた彼女は、ここで寒さや飢えに苦しみながら亡くなった人々に対して深い哀悼の念を抱いたのでしょう。そして、父親の姿を思い浮かべていたのでしょう。カメラに向かって話をする彼女から、ここでの苦しみに耐えてきた父親への敬意が述べられていたとのことですが、英語が分からない私には、父親の過酷な運命に対して悲しんでいるようにも見え、その姿に胸が痛くなりました。

その後、平岡発電所構内の「工事殉職者の慰霊碑」を訪れ、発電所の設備を熱心に見つめていました。このとき、次のように話されていました。

「父親は捕虜ではありましたが、日本の国家プロジェクトに携わったことを誇りに思います」

幸運にも、私はキャロラインさんたちと昼食をともにすることができました。場所は、『飯田線ものがたり』のなかで紹介させていただいた「ふれあいステーション龍泉閣」にあるレストランです。

私たち同行者は全員が「ていざなす定食」を、キャロラインさんを含めたご家族三名はステーキを注文しました。「ていざなす」というのは天龍村の名物で、一般的なナスよりも大きく、三〇センチほどまでに成長します。水分をたっぷり含んでおり、焼くことでさらに甘味が増すと言います。キャロラインさんたちにも「ていざなす」がすすめられ、「おいしい」と言いながら召し上がっていました。

午後には、天龍村文化センター「なんでも館」において、印半纏《しるしばんてん》の返還式が執り行われる予定

電車を見つめる二人

天龍村文化センター「なんでも館」

となっています。食事を終えたキャロラインさんが、「駅を見ておきたい」と言って立ち上がりました。

駅の駐車場に着いたキャロラインさんと原田さんは、並んで記者の質問に明るく答えていましたが、しばらくしてそこに電車がゆっくりと入ってくると、二人は記者に背中を向けて電車のほうを直視していました。かつてこの地で別れを告げた日本人とイギリス人。難しい時代に立場を越えて心をつなげた彼らと、その子孫となる二人がこの地で出会い、友情を育んでいこうとしていたのです。

彼らの背中に、歴史の重みと希望の光を感じました。きっと二人は、「ミツシマ駅」に入る電車を見つめていたのでしょう。一九四一年にウィリアムズがここへやって来た日から長い時間が経ちました。そして、二〇二三年の夏は「長い夏」でした。

人生はドミノ

前述したように、キャロラインさんとの面会を調整してくださったのは原英章さんです。名倉さんのご紹介で私は原さんともご縁をもつことができたうえに、キャロラインさんが父親の足跡をたどるという感動的な場面に立ち会うことができました。さらにこの日、同行されていた元天龍村教育委員の川上正明さんとも知り合えたことによって、その二か月後には、『飯田線ものがたり』で追いかけ続けた川村カ子トのお孫さん（一七八ページ参照）とも、この平岡駅でめぐり会えることになります。

『飯田線ものがたり』を執筆してから、私はたくさんのご縁をいただきました。知れば知るほど、会うべく人に会えるのです。これも飯田線の「魅力」の一つなのでしょうか。いや、もはや「不思議さ」を感じてしまうほどです。

名倉さんは、今回の情報とともに生前のウィリアムズの手紙のなかの言葉を添えてくれています。この言葉、私は永遠に忘れないでしょう。

「人生はドミノだ。ひとつの出来事が次々につながっていく」

（太田朋子）

豊川海軍工廠

かつて、「西豊川駅」という駅が飯田線にあったことはご存じでしょうか？　飯田線の豊川駅から西豊川支線が出ており、その終着駅が西豊川駅でした。この駅は、第二次世界大戦当時、「東洋一の兵器工場」と言われた「豊川海軍工廠」によって誕生したものです。

西豊川支線ですが、実は現在も使われています。海軍工廠跡地にある日本車輌豊川製作所で造られた新車が工場から出てこの線路を走り、豊川駅に向かいます。そして、飯田線の豊川駅から豊橋駅まで走るのです。ＪＲ東海の在来線を走る新車は、飯田線の「豊川駅－豊橋駅」区間を通って配属先に向かっているのです。

日本車輌製造の新車がここから出てくる。元工廠引込み線

豊川市

浜松市天竜区佐久間町に約三〇年にわたって暮らした私にとっての豊川市のイメージといえば、東名高速道路の豊川インター、豊川稲荷、映画館が入っているショッピングセンター、そして砥鹿《とが》神社（三河國一之宮）がある、というものでした。近年は、新東名高速道路ができ、浜北インターや新城インターを利用するようになりましたが、それまでは、名古屋、大阪方面へは豊川インターを利用していました。東海道新幹線の駅がある豊橋市より少し手前、北側に位置する街という印象でしかありませんでした。

しかし、西豊川駅の存在を知って豊川海軍工廠について調べていく

桜ヶ丘ミュージアム

と、豊川市の成り立ちや戦後の復興において、この工廠の存在が大変重要であることが分かりました。とはいえ、その存在を知ったのは、恥ずかしながら本書の執筆がはじまった二〇二三年になってからのことです。そして、いろいろと調べるうちに、豊川海軍工廠に飯田線がさまざまな面でかかわっていることが分かりはじめたのです。

私はまず、「桜ヶ丘ミュージアム」(3)で開催されているという「豊川海軍工廠展」へ出掛けることにしました。豊川市の歴史のなかでも重要となる豊川海軍工廠のことや戦争について知ってもらおうと、毎年夏に開催されている展覧会です。

桜ヶ丘ミュージアムは、二〇〇三年に「飯田線展　三遠南信を結ぶレールロードヒストリー」を開催しており、前回の執筆時にその図録を参考にさせていただいたということもあって、以前から気になっていた場所でした。

桜ヶ丘ミュージアムを訪ねる日、まずは豊川海軍工廠平和公園に向かいました。この公園は、戦争の悲惨さと平和の尊さを伝えることを目的として、かつて豊川海軍工廠の火工部(4)があった場所に整備されています。とても広々とした公園で、案内板を見ながらグルリと回ってみました。

旧第一火薬庫の建物や旧第三信管置場(5)を外からのぞけるほか、防空壕跡や水槽跡、当時の街

旧第三信管置場と内部

路灯も残っています。

ひと通り見て、公園内にある「豊川市平和交流館」に入ろうとするとき、「ちょうど今から語り継ぎボランティアによるガイドツアーがあるので、一緒にいかがですか?」とスタッフが声をかけてくれたので参加し、改めて公園を見学することにしました。さすがにガイドツアーです。先ほどは入れなかった旧第三信管置場と旧第一火薬庫の建物に入って説明を受けることができました。

旧第三信管置場では、「天井は高いけれど木でできていて、壁のようにコンクリートになっていないのは、爆発しても天井だけがあえて吹き飛ぶようにしているため」と教えてもらいました。火薬庫の壁は木の板でしたが、八〇年が経過しているとは思えないほど色が鮮やかなことに見学者一同驚いていました。

（3） 〒442-0064　愛知県豊川市桜ケ丘町79－2　TEL：0533-85-3775
（4） 機銃の弾丸などをつくっていたところです。
（5） 爆弾を炸裂《さくれつ》させるため弾頭、または弾底につける装置のことです。

ちなみに、この日にガイドしてくれたのは、名古屋の大学に在学中という若い学生さんでした。地元の歴史を語り継ぐためにボランティアをしている、ということでした。

防空壕には、屋根のないものもあったようです。大して深くない防空壕、そもそも防空壕と言えるのでしょうか。その恐怖、現代を生きる私には想像もできません。この防空壕跡を見ながら、胸が苦しくなったことだけはお伝えしたいです。

展望デッキに上がると、豊川海軍工廠空中写真（原資料：米国国立公文書館蔵）が掲示されていました。その写真を見て驚きました。この広い公園は、工廠のほんの一部にすぎなかったのです。聞くところによると、現在の公園は工廠全体の約六〇分の一だと言います。公園の南側に建物が建つ前は、かなり向こうまで見渡せたそうです。現在は、工廠跡地に、名古屋大学豊川フィールド、自衛隊基地、日本車輌のほか、いくつかの企業が入っていると言います。

この航空写真が撮影されたのは、一九四四年一一月二三日です。すでにこの時期、アメリカ軍は工廠内の様子を上空からしっかり把握していたのです。そして、一九四五年八月七日の午前一〇時一三分から約三〇分にわたって、五〇〇ポンド爆弾（重量二二四キロ、全長一四四センチ）が三二五六発も落とされました。B29爆撃機一二四機とP51戦闘機九七機による、すさまじい空襲でした。

この日には二五〇〇人以上の人が亡くなり、その数倍もの人々が負傷しました。多いときは五

豊川海軍工廠空中写真

街中に残る「海軍」の文字

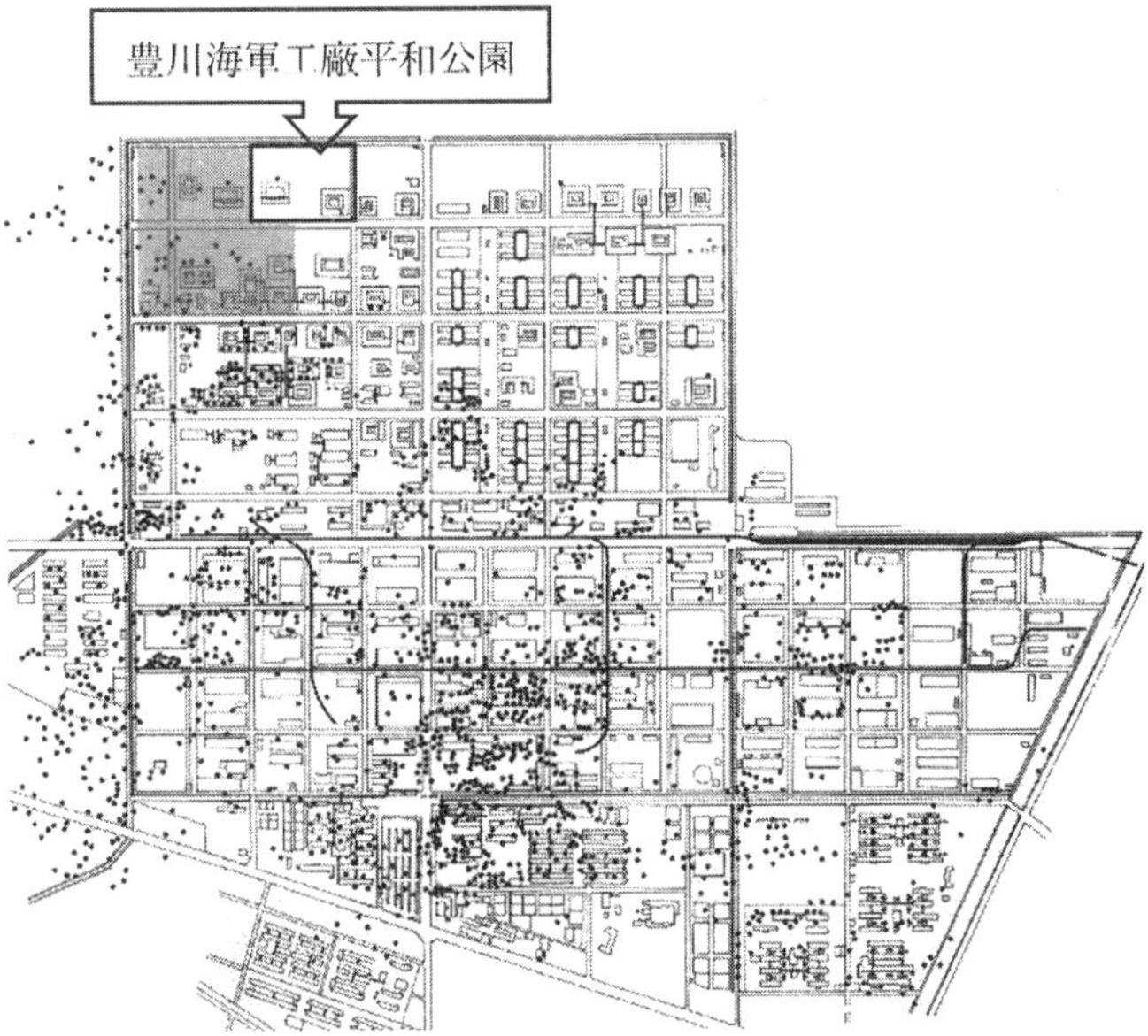

豊川海軍工廠平面図（8月7日空襲被弾箇所図）

（出典：名古屋大学豊川フィールド内「豊川海軍工廠跡地見学会」資料）

Ｐ51戦闘機

500ポンド爆弾の実物大パネル

万人以上いたという工廠ですが、当日はちょうど非番であったり、戦況がよくないので故郷に帰ったという人もいたようです。

ガイドツアーのあと、公園内にある「豊川市平和交流館」（二〇一八年開館）にある展示物を見せてもらいました。五〇〇ポンド爆弾の実物大パネルが展示室の入り口に置かれていました。こんなものが三二五六発……想像するだけで涙が出そうです。

展示室のなかでひときわ目を引いたのは、空襲で亡くなった女学生、石川智代さんの遺言と遺髪です。工廠に入る前に、両親宛に残しておいたものと言います。十代半ばの少女が覚悟をもって学徒動員に行かねばならなかったという悲しい時代のことを、改めて思い知らされました。

その後、桜ヶ丘ミュージアムに移動しています。ここでは、体験者が見て感じた当時の状況を視覚的に表した体験画が展示されていましたが、これもまた胸に迫るものがありました。そのほか、工廠の歴史を学ぶための映像も上映されており、何人かの人が真剣な様子で観ていました。

自宅に帰ってからも豊川海軍工廠のことが頭から離れず、持ち帰ったパンフレットやガイドブックなどを読み返していました。そして、涼しくなった秋に再び豊川を訪ねることにしました。

二回目は、実際に工廠があったエリアを歩いてみることにしました。すると、平和交流館のスタッフが、「桜ヶ丘ミュージアムに無料レンタサイクルがあるので、自転車で回るといい」と教えてくれたので自転車を借り、平和交流館でいただいた豊川海軍工廠跡地マップに記載のあった場所のうち、正門、海軍境界杭、西豊川駅跡、工廠引き込み線、佐奈川橋梁、供養塔などを回りました。

現在も使用されている佐奈川橋梁

また、同じく平和交流館で、「毎年冬に『名古屋大学豊川フィールド内　豊川海軍工廠跡地見学会』があるから、よかったらどうですか？　普段は入れない場所ですよ」と教えていただいたので、チラシをもらって帰っています。

その見学会のことを神川さんに伝えると、彼女も「参加したい」ということで、一二月二一日、一緒に参加することにしました。実は、私が夏に豊川海軍工

日名地登志子さん

廠平和公園を訪ねた時期とほぼ同じ時期に、神川さんも別の調査から（「ミツシマ」という駅、七四ページ）豊川海軍工廠に興味をもち、平和公園を訪ねていたことをあとで知りました。偶然というものは、恐ろしいものです。

見学会の前に私たちは、佐久間町浦川に住んでいる日名地登志子《ひなじとしこ》さんから話を聞くことにしました。学徒動員された日名地さん、一九四五年八月七日の大空襲の日にも豊川海軍工廠にいましたが、奇跡的に助かり、九五歳になられた現在もお元気で暮らしていらっしゃいます。

実は、神川さんが海軍工廠にまつわる記事を事前に紹介してくれていたのですが、そのなかにあった日名地さんのお名前を見て、知人のお母さまだと気付き、話をうかがうことにしたのです。

日名地さんは、一九四四年四月、一五歳のときに学徒動員で豊川海軍工廠に入りました。日名地さんと同じく、新城《しんしろ》高等女学校の生徒は総務部と会計部に配属されたそうです。日名地さんは、「会計部の共済組合で事務を担当していたおかげで助かった、運がよかった」と話していました。

工廠に入る前の年、奉仕活動で行ったときには、弾丸をそろえたり、詰めたりする作業も行ったと言います。空襲の当日は、「書類壕」と言って、働いている人たちが共済組合に入ったときにつくった書類がたくさん積み上げられた箱の間に入って助かったということでした。

「子どもだもんで、その真ん中に座ってやっとこ。向こうは見える。爆弾が落ちるたびに蓋が開くもんで見える。電気工場に落ちるのが見える。見ちゃおれん……」

多くの人が逃げることになった正門のほうに集中して爆弾が落とされたため、正門付近にいた多くの人が犠牲となっています。日名地さんのいた会計部は、その正門に近かったのですが、奇跡的に助かったわけです。

その日、退勤後に浦川の家に帰る予定にしていたそうです。前日に、伊豆出身の事務員、三ケ日出身の事務員と三人で牛久保駅まで切符を買いに行っていたと言います。当時は、あらかじめ切符を買っていないと電車には乗れなかったということです。悲しいことに、その二人の事務員は亡くなってしまったそうです。

命が助かった日名地さんは、その日のうちに豊川駅から飯田線に乗り、「浦川まで戻った」と話してくれました。

終戦後、授業が再開されてから、日名地さんは再び飯田線で浦川駅から新城高等女学校まで通ったそうです。学徒動員中にはできなかった勉強ができるようになり、「たった半年でも、また学校に通えたことがよかった」と話してくれました。

そして、続けて、「新城駅を午後二時五六分に発車する電車に乗らないと、浦川駅から実家の

供養塔

ある和山間《わさんま》の家まで歩くのに日が暮れて、真っ暗になってしまう」と話されたのですが、八〇年近く前の電車の時刻をしっかり覚えていらっしゃることにびっくりしてしまいました。

全体の慰霊祭が行われなくなってからも日名地さんは、コロナ禍の前まで、豊川稲荷の裏手にある供養塔に、毎年、同級生みんなでお参りを続けていたそうです。「空襲前日に、一緒に電車の切符を買いに行った人たちのお名前もある」とも話してくれました。つらくて悲しい話をしてくださった日名地さん、しかしその表情は穏やかで、私には仏さまのように見えてしまいました。

日名地さんのお宅は、浦川駅からも見える小高い丘に建っています。お話をうかがった当時は九四歳でしたが、ご自分で坂を上り、一人で生活をされています。大変お元気で、優しく、賢い日名地さんに出会えたこと、そして貴重な話をうかがえたことに感謝する私たちです。いや、「感謝」という言葉では言い尽くせないような気持ちでいっぱいです。

日名地さんは新城《しんしろ》高等女学校からの学徒動員でしたが、浦川高等女学校（以下、浦川高女）から学徒動員された人たちのこともお伝えしましょう。

『浦川風土記1』（伊東明書、私家版、二〇一三年）に、挽内《ひきうち》きくさんの話として、一九四四（昭和一九）年夏に、浦川駅で壮行会をしてもらって工廠に入ったこと、浦川からは五〇人くらいの生徒が工廠へ行ったこと、工廠での仕事は中子《ナカゴ》づくりで、機械の型を砂で固める仕事だったこと、そして、卒業式は工場内で行われたことなどが記されています。


昭和二〇年になって、学校で工場の仕事ができるようになった。教室へ機械を持ち込み、旋盤を使い、細かい部品を作った。学校で作業したので、八月七日の大空襲の惨事を免れた。（前掲書、二七一ページ）

まさに、先に神川さんが書いていた「豊川海軍工廠浦川分工場」のことです。この分工場のおかげで、生徒たちは被災を免れることができたのですが、これには浦川高女の山崎才次郎先生の尽力がありました。

工廠の付き添いとして行った際、彼女たちの苦労を目の当たりにし、戦況がどんどん厳しくなるなか、何とか救いたいと考えた山崎先生、学校を分工場にするしかないと奮闘したのです。その思いをいくつかの歌にしています。

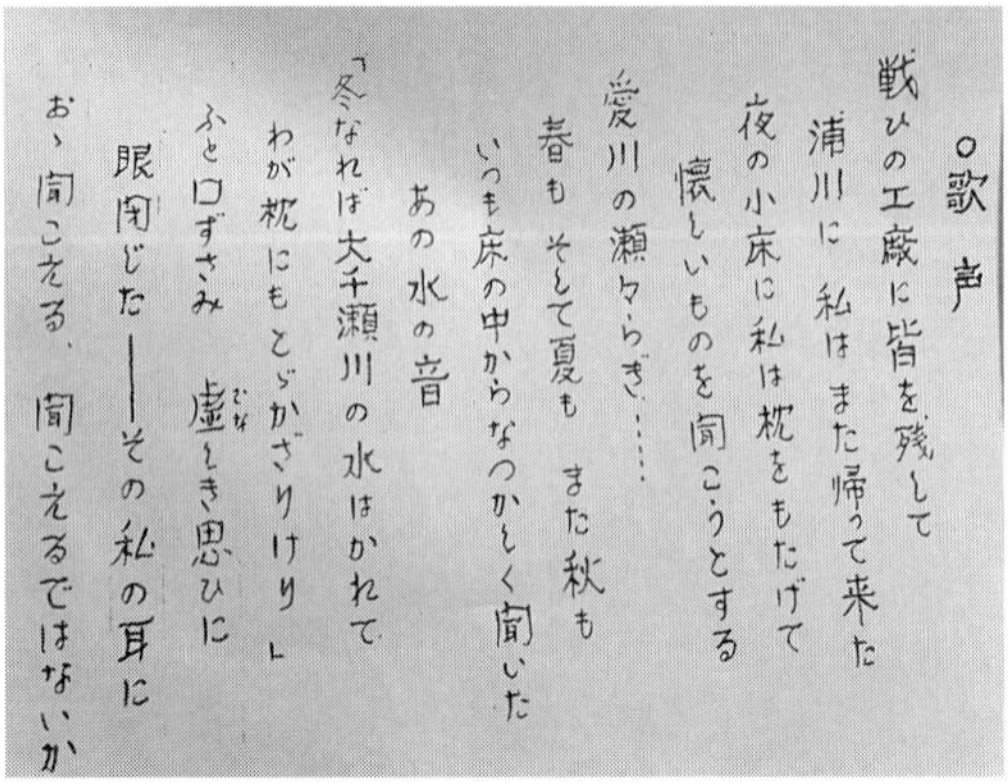
○歌声
戦ひの工廠に皆を残して
浦川に　私はまた帰って来た
夜の小床に私は枕をもたげて
懐しいものを聞こうとする
愛川の瀬々らぎ……
春も　そして夏も　また秋も
いつも床の中からなつかしく聞いた
あの水の音
「冬なれば大千瀬川の水はかれて
わが枕にもとゞかざりけり」
ふと口ずさみ　虚《むな》しき思ひに
眼閉じた――その私の耳に
おゝ聞こえる　聞こえるではないか

『白き鉢巻　学徒動員・附添教師の歌』に載っている歌声

また、工廠で、浦川高女には校歌がないので生徒たちが肩身の狭い思いをしたことを聞いてつくったけれど、間に合わなかったという幻の校歌についても、手書きでつくられた『白き鉢巻　学徒動員・附添教師の歌』（山崎才次郎著、私家版、一九七五年）に綴られています。

挽内きくさんが所蔵しているこの『白き鉢巻』は、伊東明書さんの複写のもと、豊川市立中央図書館に寄贈されています。「豊川海軍工廠」のコーナーにあるので、機会があったら手に取ってみてください。これらを読み進めていくと、山崎先生や女生徒たちの心情が分かるだけでなく、情景までが浮かび、胸が詰まります。また、一九〇六（明治三九）年生まれの山崎先生の本籍が長野県上田市となっていることも心に残りました。戦争への協力を悔やんだ山崎先生、戦後、退職されてから浦川を去られたそうです。

『浦川風土記４』（伊東明書、私家版、二〇一四年）に、浦川分工場へ移動する女学生たちに贈られた、豊橋二中の男子生徒が書いた詩が紹介されていました。寮では、全員がこの詩を写し、復唱しつつ暗記したそうです。歳下の少年の詩が乙女心を揺さぶり、詩は学徒動員の戦場に咲く一輪の花となったそうです。

①矢車草の散るころに　思い出多き工廠の
鋳造の工場を後にして
行く浦川のご令嬢《ミスレディ》
また　行きあう日まで　さようなら
②陸士のゴールを突破して（註、陸士は陸軍士官学校）
希望の陸軍将校になってみせます
その日まで　待っててください
浦川のスクールガールよ　さようなら
（③④は略）

海軍工廠跡地見学会

後日ですが、「名古屋大学豊川フィールド内　豊川海軍工廠跡地見学会」にも参加しました。その日、私たちは飯田線の豊川駅で待ち合わせました。まず、豊川稲荷の入り口にある「いっ

被害を受けた原料置き場

水洗トイレ

ぷく亭」で腹ごしらえです。古民家を利用した、大変趣きのあるお店です。本当はいなり寿司とうどんがセットになったものを食べたかったのですが、それは「土日限定」だったので、「きつねうどん」と「みたらし団子」を注文しました。出汁のきいたうどんと焼きたてのおいしいお団子をお腹に入れ、豊川駅から会場となっている豊川海軍工廠平和公園にタクシーで向かいました。

見学時間になると、参加者が集まってきました。この日は市内外から二七名の参加がありました。爆弾で折れてしまった電灯、当時はまだ珍しいものであっただろう水洗トイレ、防空壕、煉瓦の上にコンクリートが塗られた壁など、当時のまま残されているものを目にしました。このように、大規模な状態で残っている工廠跡は貴重だと言います。リアル感のせいでしょう。防空壕で生き埋めになった人、防空壕に爆弾が直撃し、脱出したあとに機銃掃射を受けて亡くなった人など、その壮絶さが説明からひしひしと伝わってきました。

見学会のあとに開催された朗読会にも参加しています。この日の朗読会は、空襲があったその時間、二重壁のトイレに行っていたおかげで直撃を免れ、命を落とさずにすんだ伊藤等さん（当時一四歳）の体験を文字に起こしたものを、「語り継ぐ会」の人が朗読するというものでした。

伊藤さんは、命からがら逃げる際、自分の足にすがって助けを求める、手足を失った人や腸が出ている人の手を振り払ってしまったことに、いまだに苛まれているそうです。蒸し暑い夜にはその光景が浮かんで、うなされて目が覚める、とも言います。

長年、そんなつらい過去を話すことはなかったようですが、豊川市が語り部を募集した際、「語り部として罪の償いをしようと思って語りはじめた」ということでした。そんな伊藤さんたち語り部の人々も、高齢となり、亡くなったり、語れなくなっています。そこで豊川市では、文字起こしをして、朗読をしたり、過去の語りをYouTubeで公開しています。

「ここに来た人がほかの人に伝えてほしい」と、朗読会で言われたことを忘れないようにしたいと思いながら、会場を後にしました。

私たちは、行きと同じように、タクシーで豊川稲荷の入り口まで戻りました。とても寒い日だったので、何か温かいものをと思って探していたら、「甘酒」という文字が目に入りました。角打ちもできる酒屋さんでしたが、まだ営業時間前ということで、テイクアウトで美味しい甘酒をいただき、心身ともに温まって帰路に就きました。

かなり心が重くなる飯田線沿線の話となりましたが、本書を読まれたみなさん、今後豊川に行かれる予定がある人、すべての人に「豊川海軍工廠跡地」への見学をおすすめしたいです。本書の編集者である新評論の武市さんが次のように反省されていました。

「豊川稲荷には何度か行っているが、ここのことはまったく知らなかった。さまざまな歴史を伝えたいと思って多くの本をつくってきたが、まったくもって恥じ入るしかない……」

（太田朋子）

煉瓦

昔から、どういうわけか古い煉瓦造りの建物に惹かれます。そんな私が、飯田線のなかに、明治時代に造られた煉瓦の構造物が残っていると知りました。この目で確かめずにはいられず、二〇二三年の夏、「飯田線の煉瓦構造物群」を目指して出掛けることにしました。目的の構造物は、愛知県の近代遺産にも指定されており、三河一宮駅から東上《とうじょう》駅までに架かっています。

先にも紹介しましたように、飯田線は四つの私鉄が結ばれて形成されたものです。最初に開業したのは「豊川鉄道」です。一八九七（明治三〇）年七月一五日に、まず「豊橋駅－豊川駅」間が開業しました。一週間後の七月二二日には、「豊川駅－一ノ宮駅」間、翌年の一八九八年には

「一ノ宮駅－新城駅」間、そして一八九九年には「新城駅－大海《おおみ》駅」間が開業して、「豊橋駅－大海駅」間の全線が開通したわけです。開業当初は、三両編成の、イギリス「ナスミス・ウィルソン社製」の蒸気機関車が走ったそうです。

なお、JR東海の飯田線公認キャラクターである「為栗《してぐり》メロ」の誕生日は七月一五日となっていますが、これは、最初に開通した豊川鉄道の開業日となった七月一五日にちなんだものです。「駅メモ」（ステーションメモリーズ）という、全国九〇〇〇か所以上ある駅を対象にした位置ゲームがあるのですが、「為栗メロ」はそのキャラクターでもあります。「為栗」とは飯田線の駅名ですが、誕生日は豊川鉄道の開業日だったのです。ちなみに、「駅メモ」の効果で飯田線の乗車率も高まっているそうです。

為栗メロ（飯田駅、2023年）

さて、驚くべきことに、一八九八年当時の姿を今も見せてくれている場所があると耳にしました。それは、「三河一宮駅－長山駅」間の「宝川橋梁」、「長山駅－江島駅」間の「蟹川橋梁」と「長良女川橋梁」、そして「江島駅－東上駅」間にある「炭焼川橋梁」と「宮出川橋梁（宮川橋梁）」の橋脚です。

宝川橋梁

蟹川橋梁

炭焼川橋梁

長手（長い面）だけの段と、小口（短い面）だけの段を一段おきに積むという「イギリス式」の煉瓦積みになっており、「強度がある」と言われている積み方です。

　こんな知識を頭に入れて、東上《とうじょう》駅から順に南下しながら目当ての橋を探しました。炭焼川橋梁と蟹川橋梁は道路からも見え、割とすぐに見つかりました。「長良女橋梁は藪のなかにある」という情報があったので、無理かもしれないと思いながらも僅かな期待をしたのですが、やはり確認は厳しく、断念しました。

　そして、宝川橋梁へは、車を停めて少し歩きました。見つけたときは、文字どおり「宝探し」の「宝川橋梁！」と、うれしくなりました。今から一二五年前にはイギリス製の蒸気機関車が走っていたのです。その姿を思い浮かべながらイギリス積み煉瓦の橋梁を眺めるという贅沢、感慨深いものがあります。

　最後の一つ、宮出川橋梁ですが、最初に探すべき場所だったのに見逃してしまったため、次回への持ち越しとなってしまいました。

　真夏の暑い盛りだったので、四か所を確認するだけで汗だくにな

イチョウと宮出川橋梁

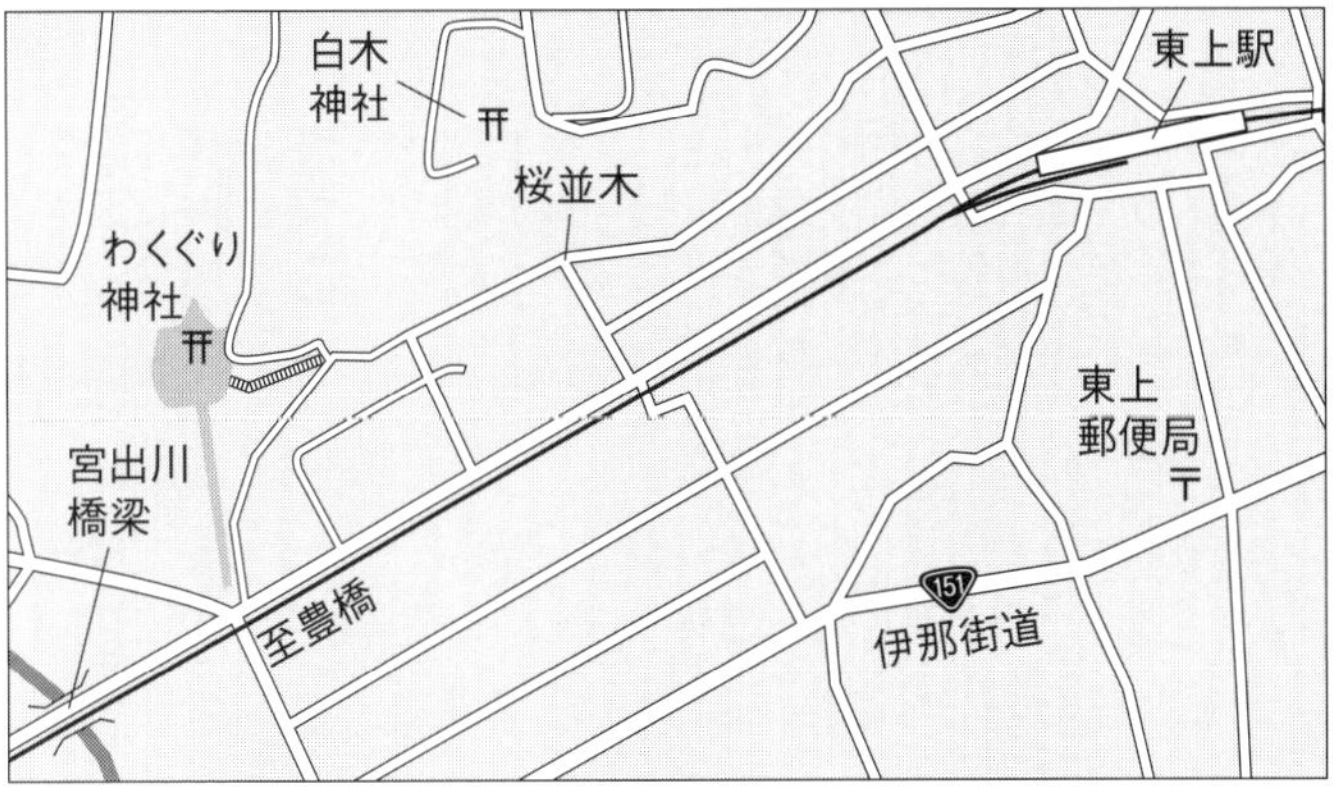

ってしまいましたが、秋から冬にかけて訪れれば歩きやすいし、草が少し枯れるので見やすくなると思いました。そして、一二月初め、三河一宮駅から歩いても行ける「大和の大いちょう」（「さわやかウォーキング」の立ち寄りスポット）がちょうど見頃になったときに、再び豊川市を訪ねました。

今度は、すぐに宮出川橋梁を見つけることができました。秘境駅号の車内アナウンスで、

「この神社は安産の神様として広く信仰されており、皇室へのご安産のお守り奉献にも長い歴史をもつ神社でございます」

と案内される「わくぐり神社」のすぐ近くにありました。

なお、東上駅《とうじょう》からこの「わくぐり神社」のあたりまで、一八〇本の河津桜が植えられています。早春になると、桜と菜の花と飯田線のコラボ写真が撮れると、「撮り鉄」に人気のスポットとなっています。

（太田朋子）

円筒分水工

「旧黄柳《つげ》橋」と「北の沢の渡河橋《とかきょう》」で土木遺産の魅力にはまってしまった私が次に気になった土木遺産は、長野県の伊那谷（天竜川の西側）にある「西天竜幹線水路円筒分水工群」です。

これまで、「円筒分水工」についてはまったく無知でした。本書を著すことで、再び飯田線やその沿線について調べているときに「西天竜幹線水路円筒分水工群」の存在を知ったわけです。初めて円筒分水工の写真を見たとき、その外観に惹かれてしまいました。そして、円筒分水工の歴史などを知るとますます興味が湧いてきました。

円筒分水工については、「長野県土地改良事業団体連合会」のホームページ「水土里ネットながの」に分かりやすい説明があったので引用させていただきます。

辰野町から伊那市に至る天竜川右岸の段丘上に広がる台地は、扇状地形のため地表を流れる水が少なく、かつては米の自給ができず養蚕を専業としてきた地域である。

「台地に水を引いて米を自給したい。」天竜川からの引水計画は地域の悲願であり、江戸時代から何度も検討されてきたが実現には至らず、ようやく大正八年から昭和一四年にかけて、岡谷市川岸で天竜川から取水し、辰野町から伊那市へ至る右岸段丘上に約二五㎞の幹線水路が建設された。併せて一二〇〇haの開田も行われ、長年の悲願であった穀倉地帯へと変貌を遂げた。

しかし、開田当時は水田の水持ちが悪いこともあり、水不足が度々発生し水争いが絶えなかったことから、効率的な用水配分のために建設されたのが、この「円筒分水工群」である。中央の円形水槽底部から全水量が吹き上がり、水田の面積に応じて決められた穴の数により、各水路に常に正確な比率で水を配分できる。（漢数字に換えました）

つまり、水争いを避け、それぞれの田んぼへ公平に水を分けるための装置なのです。

「我田引水《がでんいんすい》」という言葉があります。物事を自分の利益になるように引き付けて言ったり、したりすることで、他人のことを考えずに自分の田んぼだけに水を引くことからきている言葉です。まさに、「我田引水」問題を解決してくれる仕組みと言えます。

一方、「一般社団法人長野伊那谷観光局」のホームページには、「驚くべきは、八〇年以上前に

西天竜幹線水路円筒分水群大出７号

建設された円筒分水工のうち三五機が、修理を重ねながらも今なお現役で用いられているということ。全国各地にある円筒分水工のなかでも最大規模である」と紹介されていました。

全国的に見ても最大規模、しかも現役ということで、ますます実際に見てみたくなり、私は二〇二三年五月の連休に現地を訪ねることにしました。私が伊那谷を訪ねた日はあいにくの雨であったため、車で円筒分水工群の近くまで行き、車から降りて一か所だけ見てきました。

車を停める場所もないし、西天竜幹線水路周辺に円筒分水工は点在しているので、お天気のいい日にサイクリングで回るというのがよさそうです。羽場《はば》駅から伊那市駅にかけて円筒分水工群がありますので、飯田線に自転車を乗せて輪行するというのもいいでしょうし、健脚なら、ブラブラとハイキング（ウォーキング）もいいでしょう。

目当ての円筒分水工はどこかなと、田んぼを横目に歩きながら探してやっと見つけたとき、宝探しで宝物を見つけたような気分になりました。私が訪ねたときには水があり、しっかり活動していました。ちなみに、西天竜幹線水路に水が入るのは、毎年四月二〇日から九月一五日ということです。

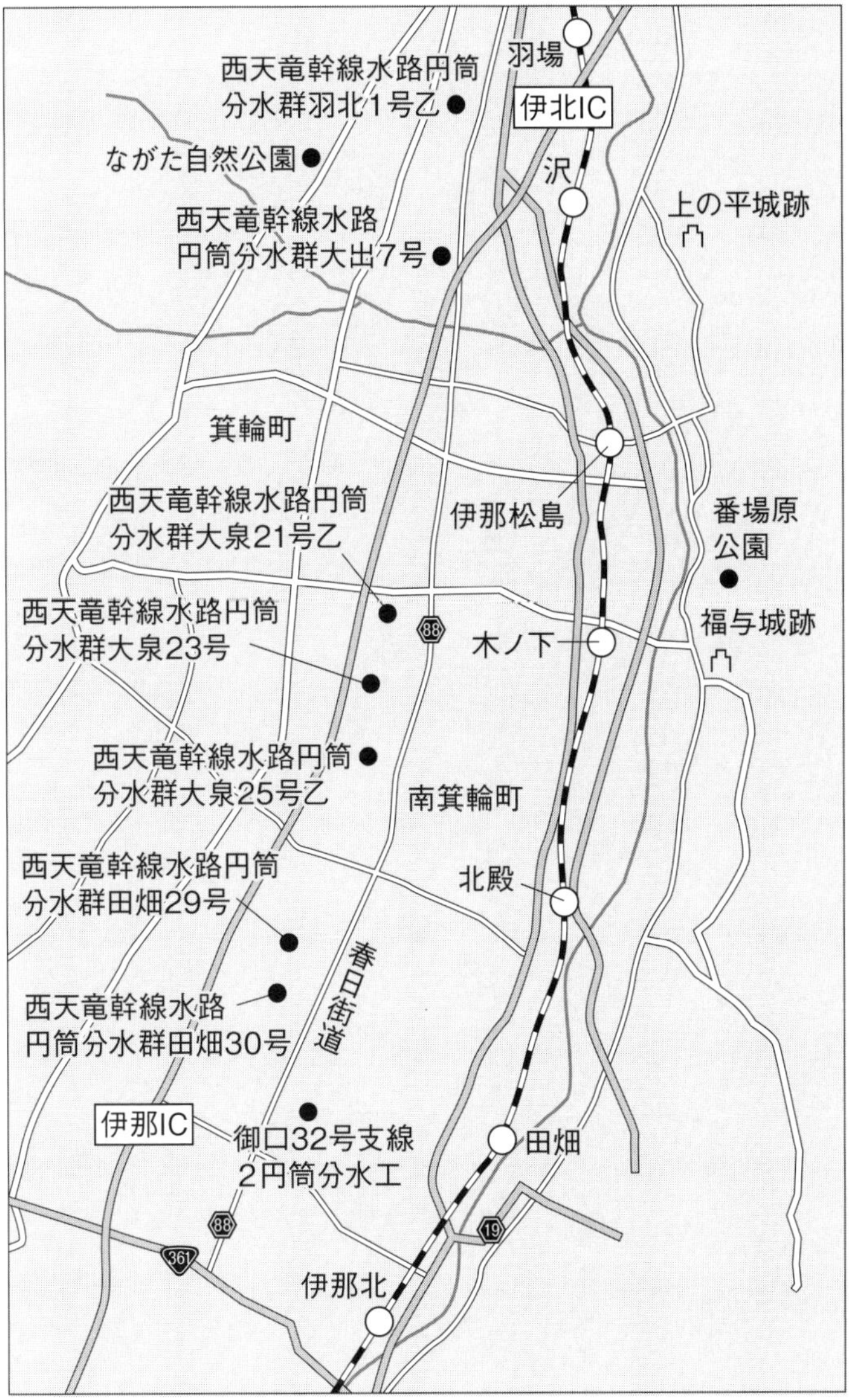
羽場
西天竜幹線水路円筒
分水群羽北1号乙
伊北IC
ながた自然公園
沢
上の平城跡
西天竜幹線水路
円筒分水群大出7号
箕輪町
伊那松島
西天竜幹線水路円筒
分水群大泉21号乙
番場原
公園
西天竜幹線水路円筒
分水群大泉23号
88
木ノ下
福与城跡
西天竜幹線水路円筒
分水群大泉25号乙
南箕輪町
西天竜幹線水路円筒
分水群田畑29号
北殿
春日街道
西天竜幹線水路
円筒分水群田畑30号
伊那IC
御口32号支線
2円筒分水工
田畑
88
19
361
伊那北

（注）掲載した円筒分水工群は一部です。

円筒分水工は、外観だけでなく、その歴史や仕組みも魅力的なため、全国の円筒分水工めぐりをする人がいるようです。また、かわいい動物たちが田んぼの水をめぐる大騒動を解決していく様子を描いている『どうぶつみずそうどう』（かじりみな子、偕成社、二〇二三）という絵本でも、円筒分水工にまつわるお話が掲載されています。絵本のなかで、だるまがえるが言っています。

（場所によって水量の損得ができないよう、分水装置が）「まるくなれば、まるく　おさまるんじゃなかろうか」（前掲書、一二三ページ）

（神川靖子）

「サイクルトレイン飯田線」を提言する「ヤマサちくわ」の佐藤元英社長

サイクルトレインとは、自転車を解体せずに列車内に持ち込めるというサービスのことです。一八二七（文政一〇）年以来約二〇〇年にわたって、豊橋の地で「ちくわ」などの練り物を製造・販売してきた「ヤマサちくわ」の佐藤元英社長は、三遠南信地域をつなぐ飯田線において、サイクルトレインの実現に向け、地域の連携を呼びかけています。

「ヤマサちくわ」の本社
〒440-0086　愛知県豊橋市下地町橋口30-1　TEL：0532-52-7139

二〇二四年五月二一日、私は太田さんと飯田線の下地《しもじ》駅で待ち合わせ、ゆったりと流れる豊川《とよがわ》沿いを歩きました。そう、「ヤマサちくわ」の本社にて、佐藤元英社長にお会いするためです。そのときの様子をここで紹介します。

緊張感を隠せないまま応接室に案内された私たちは、挨拶もほどほどに、早速佐藤社長に質問をしてしまいました。

神川　なぜ、サイクルトレインを推進されているのでしょうか？

佐藤　三河地域は、豊かな自然と歴史を背景に、アウトドア・アクティビティが盛んなエリアです。ＪＲ飯田線と自転車を組み合わせることによって、自転車でのアクセス範囲が拡大し、より多くの観光地への訪問が可能になります。スポーツや観光、そして利用客の少ない飯田線の利用促進にもつながるからです。

神川　自転車を車内に持ち込むということは、具体的に可能なのでしょうか？

佐藤　エリアや日程を制限し、車両を一両増やすなど、方法はいくらでもあると思います。すでに豊橋鉄道では、渥美線を利用してサイクルトレインを走らせていますし、今年、東三河広域経済連合会では、東三河と南信州の両側からサイクルトレインの実証実験を目指すという取り組みがあります。

神川　ところで、どうして自転車なんでしょうか？

佐藤　だって、自転車は気持ちいいじゃん。豊橋から、行きは自転車とともに飯田線で、帰りは自転車に乗って下ってくるというのもいいんじゃないですか。

前著『飯田線ものがたり』を手にしながら話してくれた佐藤元英社長

確かに、渥美半島のような美しい景色を自転車で楽しむというのは魅力的です。もし飯田線にサイクルトレインが導入されれば、沿線地域の自然、歴史、スポーツ、文化、そしてグルメなどを目的として広域に行動することが可能となり、新たな観光の形がつくりだせます。

それに、佐藤社長がおっしゃるように、山のほうから太平洋に向かって自転車で下るというのは、自転車の魅力を知らない私でも楽しめそうなイメージが広がってしまいます。佐藤社長のお話から、サイクルトレインは、地域経済にとっても、訪れる人々にとっても、多くの可能性を秘めていると感じられ、心が躍りました。

南信州との連携について

かつて、徒歩や馬で物資を運んでいた時代からの自然な流れ、と感じるエピソードがありました。「ヤマサちくわ」には、魚類が不足している信州に「塩漬けちくわ」を運んできたという歴史があります。信州の人にとっては、貴重なたんぱく源となったわけです。こうした背景もあって、佐藤社長は「三遠南信」を一つのエリアと感じられているようです。

飯田線は、長い時間をかけてつくられた古道や、水運でもあった川に沿って走る鉄道です。それだけに、飯田線を中心として沿線地域のさまざまな連携が生まれることも期待できます。終始、和やかな雰囲気で対応してくださった佐藤社長の頭のなかでは、「三遠南信」の共通点を見つけ出し、それを通じて人々を明るく楽しく結びつけるというイメージがすでに完成されているようです。思わず、この話を、「レールがつなぐ出会い――『あとがき』に代えて」（二三九ページ）で紹介するＪＲ東海の職員さんにも伝えたいと思いました。

ところで、ビジネスリーダーとしても、コミュニティーの一員としても、非常に社会的意義のある活動をされている佐藤社長から、三河地方と私が住む遠州に共通する方言を教えてもらいました。その方言とは、アイスが溶けて「ダラダラだら〜？」。その意味は、「アイスが溶けてダラダラでしょう？」ということになります。「東京の人にはまず分からない」とも、佐藤社長は笑いながらおっしゃっていました。

ユーモアたっぷりの佐藤社長、初めてお目にかかった人とは思えないほど素敵なおじさまでした。

2024年４月にオープンした「ねりや花でん」

「ヤマサちくわ」直営の飲食店

豊橋駅ビルの「カルミア」に二〇二四年四月にオープンした「ねりや花でん」が盛況だとうかがったので、飯田線で終点の豊橋駅まで行き、東三河の「味噌おでん」をいただくことにしました。

そういえば、佐藤社長が「豊橋は駅を中心に発展してきた街」とおっしゃっていましたが、豊橋駅は、日本で初めて「民衆駅」として商業施設が入った駅でもあります。そんな豊橋駅で、「ヤマサちくわ」は駅の利用客を対象に「ちくわ売り」をはじめました。「豊橋駅とヤマサちくわは一緒に歩んできた」と、佐藤元彦前社長がホームページのなかで語っています。前著『飯田線ものがたり』でも、本書のなかでも何度も紹介してきた豊橋市は、私にとっても思い入れが深い街でもあります。

佐藤社長へのインタビューが終わったあとに、佐藤社長と営業推進室の湯浅亮さんから、『有吉の壁』（日本テレビ）というテレビ番組で豊橋が特集されるとお聞きしていたので、翌日の放送を見ると、豊橋市民に「ヤマサちくわ」が愛されていることを実感しました。幼いころから馴染みのあるＣＭのキャッチフレーズ、**「昔も今も変わらぬ旨さ豊橋名産ヤマサのちくわ」**は今も健在です。

さて、私はというと、満員となっていた「ねりや花でん」のカウンター席に座り、キャッチフレーズとおいしい味噌おでんを十分に堪能してから、一三時三八分発の飯田線に乗って、中部天竜駅まで帰りました。思わず、その車両に自転車が乗っている光景を想像してしまいました。

「ふるさとのうたがきこえる～北遠佐久間20世紀の面影～」

佐久間図書館と佐久間レールパーク

（神川靖子）

ふるさとのうたがきこえる

二〇二三年、夏のことです。佐久間図書館で「ふるさとのうたがきこえる～北遠佐久間二〇世紀の面影～」という特別展が開催されました。郵便コレクターの和田芳博さん（七四歳）が収集した、古い絵はがきを紹介するというものです。展示されている絵はがきには佐久間エリアの繁栄期が写し出されており、地元を離れて他県で暮らしている人や当時を懐かしむ人などがたくさん来館されていました。

『飯田線ものがたり』が刊行された年、ある人を介して和田さんから連絡をいただき、ご自宅を訪ねることにしました。佐久間ダム開発や王子製紙中部工場、久根《くね》鉱山（古河鉱業久根鉱業所）などの絵はがきを見せてもらうために伺ったわけです。

佐久間ダムの絵はがきセット
（提供：和田芳博氏）

今回の展示物は、まさにそのときの絵はがきでした。おじゃました部屋には、山積みになっているたくさんの絵はがきがあり、その数の多さに圧倒されたのですが、まるでつい最近のことだったように覚えています。

現代では、スマホのカメラ機能で、誰もが容易に写真が撮れるようになりました。しかし、ひと昔前はカメラを持っている人が少なかったのです。その当時に撮られた写真は、言うまでもなく「希少」なものとなります。

私がリクエストした絵はがきを、和田さんはお宝の山の中から難なく取り出してくれました。そして、「絵はがきは、観光用や建設記念としてつくられることが多い」と熱心に説明してくれました。よく見ると、未使用のものだけでなく使用済みのものもあります。印象深かったのは、南信州から北遠州に送られた一枚です。そこには、次のように書かれていました。

　お茶摘みの手伝いに今年もそちらにうかがいます。

長野と静岡の県境にある青崩峠《あおくずれ》を越え、茶摘み娘が往来していたという話を聞いたことがありますが、実際に絵はがきに書かれた内容を読んだ私は、歴史の証人にでもなったような気分になりました。もちろん消印が押されているので、日付も記録されています。郵便物がどれほど貴重な資料かということを実感する一日となりました。

佐久間図書館

　充実した一日を送ったあの日から、何年ぶりかで和田さんの笑顔に会えました。佐久間図書館で開催された特別展は、静岡新聞や中日新聞で紹介され、お元気そうな和田さんの姿も新聞に掲載されていました。郷土色が豊かな佐久間図書館を会場に、この絵はがきを見られるというのは実に有意義ですし、楽しいひとときとなります。

　佐久間図書館については『飯田線ものがたり』でも紹介しましたが、相変わらず、ここに来ると郷土の魅力にやさしく包まれていくような気持ちになります。佐久間駅の待合室に併設されているので、少ない本数

赤いアーチの中部大橋（通称B型鉄橋）

の電車を待っている間に本を読んで過ごすことができます。
館内には飯田線の資料も多く、大きな窓から佐久間駅のホームが見えるため、飯田線を近くに感じられる空間ともなっています。今回展示されている絵はがきは七二点、そのうちの一〇点に「三信鉄道に乗って」というタイトルがついていましたが、ここ佐久間駅は、飯田線の前身である三信鉄道時代の遺構が探せる分岐点ともなります。

佐久間図書館の司書である長谷川陽子さんによると、鉄道ファンがたくさん訪れているとのことです。隣の中部天竜駅で下車し、天竜川橋梁の歩行者専用通路（三六ページ参照）を歩いて佐久間図書館に来館されるというのです。

その経路には、佐久間ダムを建設する際に資材を運んだ中部大橋（通称B型鉄橋）や三信鉄道時代の橋脚の跡、そして「三信鉄道建設工事殉職碑」などがあります。ひと駅分を歩いて、それらを見学したあとに図書館で資料を読んで学習する——こんなウォーキングコースが鉄道ファンによってできあがっているというわけです。

全国どこでも、列車や電車というものは郷愁を誘うものですが、飯田線の歴史や文化に触れたとき、これまで知らなかった故郷の魅力に気付かされることが多いものです。まさに「ふるさとのうた」が心に響くような気がしました。

秘境駅号が走る日は外側に向けられるヘッドマーク

サクマドロップス（提供：佐久間観光協会）

思い出の佐久間レールパーク

佐久間駅のホームが見える図書館の窓辺の棚には、さりげなく飾れているものがあります。臨時列車「佐久間レールパーク号」の車両につけられていたヘッドマークです。

「こういうものもあるんですよ」

司書の長谷川さんは、佐久間レールパークの閉館記念として販売された「サクマドロップス」の缶を私に見せてくれました。

「佐久間レールパーク、懐かしいですね……」

このときに私の顔が緩んだのは、単に「鉄道好き」という理由からではありません。そこには、子どもたちとの楽しい夏休みの思い出があったからです。

一九九一（平成三）年、中部天竜駅に鉄道博物館「佐久間レールパーク」が開設されました。大正から昭和に活躍した貴重な車両たちが一二台も、中部天竜機関区の広い跡地に堂々と展示されていたのです。

展示室に入るとすぐ大きなジオラマがあり、子どもたちは歓声を上げながら駆け寄っていきました。壁一面には飯田線の駅名標がすべて

佐久間レールパーク

青空の下の展示車両（提供：佐久間観光協会）

ジオラマ展示（提供：佐久間観光協会）

運転席に並ぶ親子連れ（提供：佐久間観光協会）

制服を着て記念写真を撮ろう（提供：佐久間観光協会）

車内のつり革

佐久間レールパーク開園時の記念写真

貼られていました。列車の運転を模擬体験できるシュミレーションコーナーでは、並んで順番を待ったものです。

青空の下に展示されていた車両には、車内に入れるものもありました。新幹線の運転席に入ってみたり、つり革にぶら下がるなど、子どもたちは大はしゃぎをしていました。

佐久間レールパークは、二〇〇九（平成二一）年に惜しまれながら閉館しました。展示されていた車両の大半は名古屋市にある「リニア鉄道館」に移転されていますので、現在でも見学することができます。しかし、移転先のなかった車両は解体されました。

ED6214　愛称は「アトム」

「仕方のないことだけれど、あんなに働いてきた車両を解体するなんて、悲しいことだよ」

知り合いの鉄道ファンは、「西浜松駅(6)において列車の解体作業を見たことがあるので、それを思い出すといたたまれない」と言っていました。

小さい車両でも馬力があることから「アトム」と呼ばれ、多くの人に親しまれた「ED6214」も佐久間レールパーク閉園後に解体された一つだということです。車両に愛称がついているというのは、それだけ親し

（6）浜松市中央区森田町にある日本貨物鉄道の貨物駅です。

みがあるということです。ファンにとって、寂しさはひとしおでしょう。そんな車両たちは、子どもの笑顔とともにかけがえのない思い出として私の心に刻まれています。

これらの車両が運んできたのは、人々だけでなく、時代とともに移り変わる鉄道技術の進化と、それにまつわる無数の物語です。そして、これからも新しい車両がそのバトンを引き継ぎ、新たな物語を紡いでいくことでしょう。

閉園一五年後の佐久間レールパーク

二〇〇九年一一月に閉園した佐久間レールパークには、歴史的な列車や飯田線にゆかりのある車両が展示されていたわけですが、現在、その跡地にはアパートや駐車場があります。幸いなことに、佐久間レールパークの展示室は残っていますが、普段はその中に入ることはできません。しかし、二〇二三年一一月、私はその展示室に入るという機会に恵まれました。「飯田線ディスカバー号」という観光列車に乗車したときです。

この列車の乗客には、中部天竜駅で下車した際、元佐久間レールパークの展示室が見学できるという特典がついていました（一六ページ参照）。参考までに述べると、飯田線の観光列車である「秘境駅号」と「ディスカバー号」では、乗客のために企画された、駅での「おもてなし」があります。

ディスカバー号

佐久間レールパークだった場所に入場

ディスカバー号を降りた私、すぐさま「佐久間レールパーク懐かしの写真展」に向かいました。あのころとまったく同じ建物の一階部分、ここにもう一度入場できるというのは「感激」のひと言です。

壁には、かつて飾ってあった駅名標の代わりに、当時のポスターや写真が展示されていました。隅のほうにあったシュミレーションコーナーが残っていたことに、宝物を見つけたような気持ちで胸が高鳴りましたが、大きなジオラマが撤去された空間を見て、かつて思っていたよりも狭く感じられました。どうやら、ジオラマの空間では「想像」という世界観が加わって、実際よりも広く感じるようです。

大勢の人で賑わっている展示写真を見つめていると、本当にここであった出来事だったのかと、現実味がないようにも感じられました。もう一五年、いや、まだ一五年しか経っていないのに、すでに幻の光景のように感じられたのです。この地にあったころは当たり前に感じていた佐久間レールパーク、かつてあった施設の変貌に、失ったものの大きさを実感した一日となりました。

『飯田線百年ものがたり』（東海旅客鉄道株式会社飯田支店監修、新葉社、二〇〇五年）という本を開くと、「佐久間レールパークの展示車両等手配は東海鉄道事業本部車両部を中心として行われたが、パーク内の設備そのものの準備は飯田支店が担当した」とありました。飯田支店は佐久間レールパーク開設への努力に対し、東海鉄道事業本部長から表彰されているということです。そして、佐久間町（現・浜松市佐久間町）の熱意や協力も大きく、この博物館に期待と希望をもって多くの人が尽力されたことがうかがえます。

中部天竜駅にあったという事実は、飯田線の「誇り」とも言えるでしょう。中部天竜駅を訪れる人、地元の人、そしてＪＲの職員にとっても、まさにここは「夢の鉄道博物館」でした。

郵便はがき

料金受取人払郵便

新宿北局承認

6983

差出有効期間
2026年3月
31日まで

有効期限が
切れましたら
切手をはって
お出し下さい

169-8790

260

東京都新宿区西早稲田
3—16—28

株式会社 **新評論**
SBC（新評論ブッククラブ）事業部 行

お名前	年齢	SBC 会員番号 L 番
ご住所 〒 ー TEL		
ご職業 E-maill		
●本書をお求めの書店名（またはよく行く書店名） 書店名		
●新刊案内のご希望 □ ある □ ない		

SBC（新評論ブッククラブ）のご案内
会員は送料無料！各種特典あり！詳細は裏面に

SBC（新評論ブッククラブ） 入会申込書	※✓印をお付け下さい。 → SBCに 入会する□

読者アンケートハガキ

●このたびは新評論の出版物をお買い上げ頂き、ありがとうございました。今後の編集の参考にするために、以下の設問にお答えいただければ幸いです。ご協力を宜しくお願い致します。

本のタイトル

●この本をお読みになったご意見・ご感想、小社の出版物に対するご意見をお聞かせ下さい
（小社、PR誌「新評論」およびホームページに掲載させて頂く場合もございます。予めご了承ください）

●**購入申込書**（小社刊行物のご注文にご利用下さい。その際書店名を必ずご記入下さい）

書名　　冊

書名　　冊

●ご指定の書店名

書店名　　都道府県　　市区郡町

第3章

秋

「蕎麦切も夜寒の里の馳走かな

（井上井月）」

さわやかウォーキング——二〇二三年九月

（太田朋子）

二〇二三年九月、かつて一緒に夏の急行「飯田線秘境駅号」に乗車したことのある友人を誘って、豊橋駅がスタート・ゴールの「さわやかウォーキング」に参加しました。豊川市に住んでいる彼女は飯田線で豊橋駅へ、私は新幹線で掛川駅から豊橋駅へと向かいました。二人とも「さわやかウォーキング」への参加は初めてです。

暦のうえではすっかり秋ですが、まだまだ日中の暑さが厳しいので、待ち合わせ時間を早めに設定しました。

朝八時、豊橋駅の受付でコースや見所などが掲載されたマップをもらって出発。ほかの参加者は慣れているようで、迷うこともなくスタスタと歩いていきます。かなりご高齢とお見受けするご婦人も、私たちの先を歩いています。途中の風景をスマホで写真に撮ったり、マップに紹介されたポイントで掲示板の説明文を読んだりしているのは私たちくらいです。みなさん、ゴールを目指して、ひたすらウォーキングといった感じです。

和菓子の老舗、「お亀堂　工場直売店」の前を通って最初に目指したのは、神川さんが六三ページで紹介してくれた「水上ビル沿い」です。戦後、豊橋市が商店街の再開発をする際、用地確

水上ビルと橋の欄干

保の苦肉の策として、市の中心部を流れる牟呂用水（二〇一七年、世界かんがい施設遺産に登録）の上にビルを建設しました。一九四五年六月一九日の深夜から二〇日の未明にあったＢ29による豊橋空襲後に賑わった青空市場（闇市）の業者は、木造の大豊商店街に移転したあと、水上ビルに移転したとのことです。

　用水上に建設されたビルは全国的にも珍しいということで、当時は視察団も訪れたと聞きます。一九八〇年頃までは、飯田線を利用して、静岡県や長野県の南信地方から水上ビルの問屋街まで買い出しに来る人が行列をつくったとも言います。

　正確にいうと、水上ビルは「豊橋ビル」、「大豊ビル」、「大手ビル」という三つの建物群です。ビルとビルの間には橋が架かっており、下に用水が流れていることが実感できます。「昭和二年三月架設」と書かれた橋と、「昭和八年三月改築」と書かれた橋を確認しました。歴史ある商店街ですが、最近はノスタルジックな雰囲気を活かしたお洒落なお店が続々とオープンしているようです。残念なことに、この日は日曜日の朝ということもあって営業しているお店はほとんどありませんでした。

次に向かったのは、その向かいにある、二年前にオープンしたばかりの「豊橋市まちなか広場」。午前一〇時から「第二回穂の国お菓子まつり」が開催されるとあって、定刻より少し前でしたが、ウォーキングへの参加者やそれ以外のお客さんで賑わっていました。おいしそうなものが目白押しでしたが、荷物が増えない程度に豆菓子を買い、老舗和菓子屋の小豆アイスを食べたあと、再びウォーキングに出発しました。次に目指すのは、「湊町公園・湊築島弁天社」です。

その道中、伊勢神宮に奉納されたこともある老舗の削り節屋「丸文岩瀬商店」に立ち寄り、おいしく、冷たいお出汁をいただきました。ここでバッグに入るサイズの鰹節を購入したあと、私たちが次に立ち止まったのは「吉田宿本陣跡」です。ほかのみなさんは、脇目もふらずに素通りのようです。道路の反対側にあるためか、マップに記載がなかったためなのか、私も友人に教えてもらわなかったら気付かなかったでしょう。彼女は豊橋の街歩きをしたことがあるので、本陣跡を知っていたのです。

本陣跡地に建つのは、明治初期創業の鰻屋「丸よ」。建物に「べっぴん語源発祥の店」という貼り紙がありました。その全文を引用しておきます。

――明治初期に田原藩家老　渡辺崋山の息子、渡辺小華の発案により、「すこぶる別品」の看板を掲げ　鰻を売り出した所、大好評を得　その言葉が全国に広がってゆき　極上品はすべて

「べっぴん」と呼ぶようになって、そのあとの明治中期には美しい女性（美人）にも使われるようになりました。丸よはその伝統の「べっぴん」の鰻を今も焼き続けております。

帰宅後に調べたところ、「丸よ」さんの前身は江戸期創業の日本料理店「織清《おりせい》」で、地元の名士が集う店として栄えていましたが、明治初期に料理長や芸者が東京の店に引き抜かれたため、大番頭だった初代が店を継いで鰻店にし、店名も変えたそうです。蒲焼の皮を上にして提供するのは江戸時代からだそうで、その当時の秘伝のタレは、戦時中、戦火に晒されないよう疎開し、二〇〇年にわたって継ぎ足されてきたものというから驚きです。

ここの鰻を食べるために、また豊橋を訪れたいです。そして、その際には、今回は嵩張るために断念した「丸文岩瀬商店」の、よく出汁が出る「そうだ丸削り」も購入したいです。

「丸よ」から少し先に行ったところにあるお菓子司「若松園」へは、コースルートとして掲載されていたこともあってウォーキング中の人が何人か立ち寄っていました。文豪・井上靖（一九〇七～一九九一）が、自伝小説『しろばんば（正・続）』（中央公論社、一九六二年、一九六三年。現在は新潮文庫）のなかで、次のように書いています。

――そして若松園という大きな菓子屋へ立ち寄って、そこの喫茶部で菓子を食べた。こうしたところで、菓子を食べるということは、洪作には初めてのことであった。黄色のゼリーの菓子でスプーンを入れるのが勿体ないように、洪作にはそれが美しく見えた。口に入れると溶ろけるように美味かった。洪作は、この美味さを上の家の祖母や、さき子や、幸夫たちに知らせることができないのが残念に思われた。言葉でいくら説明しても、説明できるとは思われなかった。

『しろばんば』は大正時代の話ですが、静岡県内で長らく暮らした私にはなんとなく情景がイメージできたこともあって、思い入れがあり、心に残る作品だったので、帰宅してから読み返してみました。そして、次回にはこの黄色いゼリーを購入する、と決めました。

「若松園」のお菓子は、二〇二〇年のNHK朝ドラ『エール』(エールのモデル、金子さんが豊橋市出身)のなかでも紹介されています。同じく豊橋市出身の松平健さんがロケに来たときに黄色いゼリーを食べたというエピソードがあることから、ウォーキングの参加者も立ち寄っていたのでしょう。

その後、やっと「湊町公園」に到着。公園に隣接して「湊神明社《みなとしんめいしゃ》」と「湊築島弁天社《みなとつきしまべんてんしゃ》」があり、その奥には「豊橋空襲犠牲者　追悼」の碑もありました。観光ボランティアガイドによる案内がちょうど終了したところで、その説明が聞けなかったことが残念です。

ちなみに、豊橋観光コンベンション協会のホームページには以下のように書かれています。

社伝によれば創建は、白鳳期（飛鳥時代と天平時代の間ころ）とされています。祭神は天照大神で伊勢神宮との関係が深く、献納品がここに一旦保管され、豊川の吉田湊より船にて搬送されたとのことです。その後江戸時代には、境内に庭園と池が造営されて、池の中の蓬莱之島に弁天像が鎮座された弁天社が建立されました。これが、「築島弁天社」の名前に由来しています。

また、「おんぞ祭り」は、その昔には吉田の三大祭りの一つとされ、伊勢神宮に白絹布を奉納する行事を祝して行われた祭りです。参河国大野で精製された赤糸を遠江国三ケ日岡本郷で織り、朝倉川・牛川を経て湊神明社へ運ばれてくるところを町民が出迎える祭りで、江戸時代には吉田の町屋の娘たちが華やかな装いで踊り、四日間街中を練り歩いたと伝えられています。この祭りは明治八（一八七五）年に中止されましたが、昭和二四（一九四九）年に再び挙行されるようになり、現在に至っています。

あとで調べてみると、遠州織物発祥の地とされる浜松市北区三ケ日町の「初生衣《うぶぎぬ》神社」の境内の織殿において、赤引（愛知県新城市大野）で取れた糸を使って「おんぞ（御衣）」を織り、船でここまで運ばれていたということが分かりました。なお、湊築島弁天社《みなとつきしまべんてんしゃ》は国の文化財に指定されています。

服部神社

湊神明社《みなとしんめいしゃ》の最寄り駅は、飯田線の船町駅となります。『鳳来町誌　交通史編』（鳳来町教育委員会、二〇〇三年）によると、桓武天皇（七三七～八〇六）の時代、大野の服部神社の神主が渥美神戸の命によって赤引糸を伊良湖神社に奉納し、ここで荒妙に織って、御衣船で伊勢神宮に奉納していた、と書かれています。

一一一五年、大野の服部神社の神服部《かみはとり》氏が遠江神戸荘岡本（三ヶ日）に移住してからは、大野の赤引糸は鳳来町内の竹ノ輪を経由して岡本（三ヶ日）へ運ばれ、初生衣神社《うぶぎぬじんじゃ》で織られるようになったそうです。なお、新城《しんしろ》市大野の赤引糸は明治初期に途絶えているため、現代の赤引糸は新城市出沢の養蚕所によるものです。

大野の服部神社は三河大野駅から七五〇メートルのところにあり、「赤引糸の神」の説明板もあります（実は、気になって後日訪ねた私です）。

さて、湊町公園からの次の目的地は、「こども未来館にこにこ」。ここでは、「とよはしおかしスゴロク」や「穂の国おかしパネル展」が開催されていました。にわか雨が降ってきたので、少し雨宿りして、雨が上がってから「城海津跨線橋《しろかいづこせんきょう》」に向けて出発しました。城海津跨線橋の下には、東海道新幹線、東海道本線、名鉄、飯田線が走っています。東海道新幹線の駅で地上駅なのは、「品川」、「米原」、「豊橋」の三つだけです。東海道新幹線の開業当時、この跨線橋がまだ新しかったために豊橋市は撤去することを拒み、豊橋駅を高架化することを断念したという経緯があります。「新幹線に勝った橋」とも言われているようです。

跨線橋を渡りながら、名鉄や飯田線・東海道本線電車が入って来たり、出ていく様子を上から眺めていました。なんとなく、新幹線が通る様子をひと目見たくなり、しばしの間待つことにしました。そして、「ビューン」と通り過ぎるのを確認し、満足した状態で最後の目的地に向かいました。

いよいよ最後の目的地、「羽田《はだ》八幡宮」です。コースマップには、「羽田八幡宮内にある『中嶋神社』は菓祖を祀る神社の一つです。豊橋菓子協会設立を記念し昭和二六年に兵庫県豊岡市により菓祖神を迎え入れ祀ったものです」と書かれていました。お菓子好きの私、珍しいお菓子の神様に手を合わせてきました。

羽田八幡宮については、前掲した豊橋観光コンベンション協会のホームページには次のように書かれています。

——社伝によると白鳳元（六七二）年の創建と伝えられ、祭神は応神天皇であり、宇佐八幡宮の御分霊社です。豊橋「三大祭」の一つと言われる「羽田祭」は、毎年一〇月の第一週の土・日

羽田八幡宮文庫址

に行われ、奉納手筒煙火などが盛大に行われています。また、毎月一と五の日には、境内で朝市が行われます。

七五三の案内もありましたし、結婚式もできるようです。鳥居をくってゴールの駅に向かって歩きはじめると、左手に国登録文化財の案内板がありました。国登録文化財とされているのは、社務所離れ（旧羽田野家住宅主屋）、羽田八幡宮蔵（旧羽田八幡宮文庫）、羽田八幡宮門（旧羽田八幡宮文庫正門）の三つでした。「羽田八幡宮文庫址の現状」という説明板があったので読んでみると、次のように書かれていました。

羽田八幡宮文庫は、嘉永元年（一八四八年）九月、羽田八幡社、湊（江戸時代は田町）神明社の神官の羽田野敬雄《はだのたかお》によって着手された。この文庫は江戸時代貸し出し制度を設けた日本で唯一の文庫であった。（以下略）

豊橋の街歩きをした経験のある友人も初めて知ったようで、彼女も興味深そうです。非公開となっていたので、通路から残された住宅主屋と文庫となっていた蔵を雑草越しに目を凝らして見た二人でした。

充実したウォーキングだったなあと思いながら、ゴールの豊橋駅へ。構内にあった「さわやかウォーキング　ゴール」の看板の前で記念撮影をしてから「ゴール受付」に行くと、参加賞のブラックサンダーがもらえました。

初めての参加者には、会員カードをもらってから参加ポイントが付与されました。私は新幹線で参加したのですが、その利用票を提示するとさらにポイントが加算されました。ポイントが貯まると商品に交換できるようです。

参加する前は、九・八キロを完歩できるかと不安でしたが、無事に達成できたので、翌月に参加予定としている神川さんとの「さわやかウォーキング」も楽しみになってきました。豊橋駅で「豊橋カレーうどん」を食べ、お亀堂の「ブラックサンダーあんまき」を買って、帰りはゆっくり、東海道本線で帰路に就きました。

（太田朋子）

さわやかウォーキング――二〇二三年一〇月

一〇月七日（土曜日）、今度は飯田線の木ノ下駅をスタートとする「さわやかウォーキング」

木ノ下駅

に参加しました。「秋薫る伊那谷の大自然と伊那松島運輸区を訪ねて」というコースです。「伊那谷の自然をお楽しみいただけるコースです。当日は伊那松島運輸区を一部開放し、乗務員によるおもてなし等を行います」と、パンフレットに書かれていました。秘境駅号ですっかり乗務員によるおもてなしの虜となっている私には、十分すぎる誘い文句です。

しかし、伊那松島運輸区って一体何？　と思って調べてみると、どうやら、中部天竜駅から辰野駅間にある乗務員基地のようです。つまり、普段は関係者以外立ち入ることのできない場所に入れるということ！

神川さんに声をかけると、二つ返事で「ＯＫ」が届きました。

当日、文句なしの秋晴れで、文字どおり「さわやかウォーキング日和」でした。歩くスピードが違うのか、私たちの前後にまったく人が見られず、途中、福与城跡で二人を見かけただけでした。

福与城は、武田信玄によって落城し、焼失した城です。説明板には、「この城跡は天竜川東岸段丘の緩斜面を利用した中世の城館跡である。（中略）武田氏による破却はあったものの、当時の遺構をよく残しており、段丘上に戦国時代の居館と防御施設を兼ね合わせた伊那谷地域の特徴を示す貴重な城館跡である」と書かれていました。

伊那松島運輸区

オリジナルＴシャツを着る伊那松島運輸区の職員

実は、このウォーキングに参加するにあたって、コース途中に福与城跡があることを知っていたので、私は福与城跡についての記述があるという情報をもとに、新田次郎（一九一二～一九八〇）の『聖職の碑』（講談社、二〇一一年）を読んで、少し予習をしていました。そのなかで、登場人物の樋口が次のように言っていたことを思い出していました。

> 福与城は武田信玄に滅ぼされたと覚えこむのはまことに簡単だが、そのかげに、人間尊重の裏話があったことを忘れてはならない。（前掲書、一一五ページ）

そして、遠い昔の出来事に思いを馳せながら、コスモスや、赤く色づいたりんご畑を横目に伊那谷をどんどん歩きました。そして、ついに今回の目的地、伊那松島運輸区に到着すると、何人かの姿が見えました。入り口の「東海旅客鉄道株式会社」の表札と「ようこそ！伊那松島運輸区へ」の立看板が目に入る

「守り鉄」のポスター

行き先は「さわやかウォーキング」

と、一気に気持ちが高まります。クイズラリー、子ども向けのシミュレーション体験、職場紹介、リニア展示、キッチンカーなどがあり、見所満載でした。

職員一〇〇余名の手型でつくった大きな旗や、顔抜きパネルといった手づくりのフォトスポット、Nゲージ展示など、どれもクオリティーが高く、感動の連続です。台風や大雨などのあとに線路の安全確認をしたり、災害が起きたときに現場に駆けつける保守用のカートである軌道自動自転車や保守用車も展示されています。それらに、私たちも乗ることができたのです！　うれしくて、記念撮影が欠かせません。

来場者の休憩用にと設置された車両の行き先には「さわやかウォーキング」と表示されていました。そして、車内の窓にはさまざまな歴代の車両写真が掲示されていました。

軌陸両用保全車の実演もありました。車体から実際に鉄道用の車輪が出てレールを走り出したときには、会場から歓声が上がりました。何と、架線に引っ掛かった飛来物を除去する体験コーナーまでありました。

振り向くと、「守り鉄」という言葉が目を惹くポスターもありました。

「守り鉄」の格好を体験する神川さん

「日々の生活に欠かせないインフラである鉄道。この鉄道システムを支える分野の一つに電気があります。電車に電気を供給したり、安全に走れるよう制御したり、駅を照明で明るく照らしたりと様々な場面で電気が使われています。それらの設備の点検をしたり、作ったりする高い技術・技能を持ち、鉄道の安全・安定輸送を支え、守る技術者たちのことをいいます」と、書かれていました。

その隣には、「『会いに行く』を支えるのはキミだ」というキャッチコピーで、「守り鉄　募集中」のポスターが貼られていました。

さらに、「子供制服撮影コーナー」もありました。「守り鉄」のヘルメットやベストは大人も可ということで、神川さんも着用して、軌陸両用保全車の前で記念撮影となりました。どのスタッフも、終始笑顔で質問や撮影にこたえてくれました。まさに、スタッフ全員による、全力でのおもてなしに感動しまくったおばさん二人組でありました。

ここで紹介した「伊那松島運輸区祭り」は、過去にも「さわやかウォーキング」に合わせて開催されていたようです。二〇二三年は五年ぶりの開催だったということです。私たちは、すっかり童心に戻って堪能させていただきましたが、大人も子どもも楽しめる、実に素晴らしいイベントでした。

天竜浜名湖鉄道（提供：天竜浜名湖鉄道）

列車の話

（太田朋子）

『飯田線ものがたり』という列車にまつわる本を著した私たちではありますが、恥ずかしながら執筆当時は、列車に「電車」のほかに「気動車」というものがあることを知りませんでした。私が電車と思っていた車両のなかに、実は気動車があったのです。

鉄道ファンであれば「当然」と言える知識ですが、架線（正式名称は「架空電車線」）から電気を取り入れてモーターを回して走る車両が「電車」で、軽油やガソリンなどを燃料にしたエンジンで自走する車両を「気動車」と言います。たとえば、天竜浜名湖鉄道、通称「天浜線《てんはません》」で走っているのは気動車です。確かに、天浜線の上には架線がありません。

天浜線といえば、レトロな駅舎や工夫されたさまざまなラッピング車両があり、こちらも大好きな路線です。茶畑のなかや浜名湖沿いを一両の列車が走る姿、なんとも言えないほどかわいらしく、絵になる光景です。ひょっとしたら、架線がないことが関係しているのかもしれません。

気動車は、比較的輸送量の少ない地方路線や工事用の車両として用いられる場合が多いようです。飯田線では、「ドクター東海」（口絵参照）と呼ばれる黄色い検査用の気動車が走っています。

一方、電気を動力源にしていますが、旅客を乗せたり、貨物を載せたりすることができない「電気機関車」のことは「電車」とは言いません。機関車とは、客車や貨物車など、動力をもたない他車を牽引したり、駆動させるための車両です。ご存じのように、蒸気機関車、ディーゼル機関車、電気機関車などがあります。

ここで、大正時代に製造され、飯田線で客車や貨車、工事用車などを牽引し、現在でもその「勇姿」が見られる電気機関車をいくつか紹介したいと思います。

ED18形2号機（一九二五年製造）

東海道本線の電化に備えて、鉄道省（一九二〇年五月一五日に設置。国土交通省の前身）がイギリスから輸入した車両を飯田線で使用するために改造して誕生しました。一度廃車になりましたが、「佐久間レールパーク」での展示を経て、「トロッコファミリー号」として復活し、活躍しました。現在は、名古屋にある「**リニア・鉄道館**」に展示されています。

ED18 2（2024.1 月撮影）

ED19 1（2023. 5 月撮影）

ED28 2（2023.12月撮影）

ED19形1号機（一九二六年製造）

アメリカから輸入され、東京機関区、作並機関区（宮城県仙台市）、八王子機関区、豊橋機関区などを経て、一九六〇（昭和三五）年に伊那松島機関区に配属され、「辰野駅－飯田駅」間を走り続けました。現在、「**箕輪町郷土博物館**[1]」の前庭に展示保存されています。なお、「箕輪町郷土博物館」は、二〇二四年の秋ごろまで、リニューアル工事のため休館中です。

遠州鉄道ED28形2号機（一九二五年製造）

イギリスより輸入され、豊川鉄道で使用されました。国有化された飯田線でも使用されたのち、遠州鉄道に譲渡されました。遠州鉄道では工事用列車として使用され、現在も**遠州西ヶ崎駅構内**に留置されています。二〇二三年一二月に訪れたときには「休車」の札が掛かっていました。

近江鉄道ED314形4号機（一九二三年製造）

石川島造船所と芝浦製作所（現・東芝）の合作によって製造された国

モハ14の車内（2024.2月撮影）

ED314（2023.6月撮影。撮影：宇土晃央）

産最古級の電気機関車です。「伊那電気鉄道デキ1」として使用されました。国鉄飯田線になってからは「ＥＤ314」と呼ばれるようになりました。

近江鉄道に譲渡され、使用されたあと、「近江鉄道ミュージアム鉄道資料館」を経て、クラウドファンデングによって「近江酒造」の前に展示されていましたが、二〇二三年、近江酒造が廃業となったため、今後は「**機関車公園**」として整備されるそうです。なお、3号機は、東京都府中市にある「**東芝インフラシステム府中事業所**」内にあるようです。

モハ14（モハ10）（一九二五年末製造）

豊川鉄道電化の時に新造された車両です。国鉄飯田線になった際、田口鉄道に移管されました。前著執筆当時は田口線の列

（1）〒399-4601　長野県上伊那郡箕輪町中箕輪１０２８６－３　TEL：0265-79-4860。「伊那松島駅」から徒歩八分のところにあります。

モハ14（2024.2月撮影）

車としか認識していませんでしたが、今回調べているうちに、元々は飯田線の列車であったことが分かりました。

前著『飯田線ものがたり』では「奥三河郷土館のリニューアルオープンまでお待ちください」（一〇三～一〇四ページ）と書きましたが、二〇二一年に「**道の駅したら**」に併設されて開館し、車両も展示されています。まもなく一〇〇歳を迎えるという車両で、自由に車内に入ることができます。以前あった場所では、そのまま床板の上を歩くことができましたが、道の駅に移動してからは、床板保護および安全のためでしょう、すのこ状の板が敷かれています。

（神川靖子）

ななくぼの秋

食欲の秋の到来！　太田さんとともに秋の「さわやかウォーキング」に参加する前日のことです。せっかく信州に来たのだからと、私たちは伊那市に一泊し、周辺を取材することにしました。七久保駅のそばに一風変わった蕎麦屋「そば道場ななくぼ」があることを知った私たちは、ここ

そば道場ななくぼ

目の前を電車が通過する

でお昼をいただくことにしました。

「そば道場ななくぼ」は、蕎麦の打ち手が日替わりになるという珍しいお店です。七久保駅に隣接しており、蕎麦を食べていると電車がすぐそばを通過していく姿が楽しめます。蕎麦を打つ作業も近くで見られるので、子どもも大人も一緒に楽しめそうです。おいしいお蕎麦を堪能し、店を出る前に太田さんが足を止めました。

「リンゴを買っていこう！」

店先に、袋に入ったリンゴが並んでいたのです。会計を済ませた太田さんが、何か思いついたように、

「お蕎麦の取材はそろそろいいんじゃないですか。スイーツを食べましょう！」

と、私にも、自分自身にもご褒美を与えるような口ぶりで笑いました。

太田さんは伊那谷が大好きで、七久保駅付近のおいしいものをたくさん知っている様子です。二人とも、まさにテンションが上がっている状態です。女性の誰もが、おいしい果物、おいしいお菓子には心を惹かれてしまうものです。「オバ鉄」の私だって、つい、絞り出された乙女心

できたてモンブラン「さとのか Café」

「たまごとミルクとりんごの樹」のケーキ

が揺さぶられてしまうのです。

「『たまごとミルクとりんごの樹』というケーキ屋さんを知っていますか?」

魅惑的なワードが三つも並べられた店名ですが、ここは、太田さん一推しのイートインができるケーキ店です。二人とも、ショーケースの前で「あれこれ」と迷いながらケーキを選び、テラス席に座りました。ここでは、アルプスの山々を眺めながらコーヒーを飲んで、ひと息つくことができます。最高の景色とおいしいお菓子、このうえなく豊かな秋のひとときを感じました。

「たまごとミルクとりんごの樹」の国道を挟んだ向かい側には、「信州　里の菓工房」や「道の駅　花の里　いいじま」があります。どちらも観光バスが停まるほど広い駐車場があり、いつも賑わっています。

「信州　里の菓工房」では、お土産に最適なお菓子の販売はもちろん、併設された「さとのか Café」でさまざまなスイーツを味わうことができます。信州伊那栗を使ったお菓子がメインですが、

七久保駅

千人塚公園

「できたてモンブラン」は人気の一品となっています。

　そして、「道の駅花の里いいじま」では、おやきや五平餅、そしてソースカツ丼などといった信州らしいメニューがお腹を満たしてくれます。

　私はというと、信州リンゴを使ったアップルパイがお気に入りです。焼き立てのサクサクがいただけるので、こちらもおすすめです。

　さて、食欲の秋を満喫した私たちですが、身体を動かすことも必要です。何と、この美しい自然のなかを遊びつくす施設が近くにありました。

「千人塚公園」は、トレッキングやハイキングのベーススポットとして紹介されています。ここの湖畔には、キャンプ、コテージ、グランピングなどの宿泊施設が整備されているほか、テントサウナも楽しめます。春には城ヶ池周辺で桜を楽しみ、夏には南アルプスと中央アルプスに挟まれた美しい自然のなかで、水上スポーツのＳＵＰ《サップ》を体験したいと思っている欲ばりな「オバ鉄」です。

そばの薬味のクルミ

ひねもす田切

（神川靖子）

伊那谷は信州そば発祥の地です。九月、二人の友人から「信州そばを食べにドライブに出掛けないか」という誘いがありました。二つ返事で、それに便乗させていただきました。食べる店は私に任せると言います。

かねてより気になっていた、上伊那郡飯島町田切にある蕎麦屋さんを予約しました。ここは、浜松市から移住したご夫婦が営むお店です。経営者が移住したくなる気持ちは、このあたりの風景を見ただけで理解できます。アルプス山脈が貼りついているような秋の青空。白い花が咲く蕎麦畑の坂道を下る途中にある一軒の古民家。そこに、小さな看板がありました。「ひねもす」と書かれています。

店名を聞いたみなさんが思いつくのは、「春の海　終日《ひねもす》のたり　のたりかな」（与謝蕪村）という俳句だと思います。「ひねもす」とは「終日」という意味ですが、こうした場所にぴったりな、素敵な響きの店名だと言えます。

運ばれてきたのは、地元でできた蕎麦粉を自家製紛して打たれた十割蕎麦。擦ったクルミをつけ汁に入れていただくというのは初めてです。店内には信州の山々の写真が飾られており、その魅力とともに信州への憧れを感じました。

食事を終えて車に乗りこむと、ハンドルを握った友人が、「田切駅と伊那福岡駅に寄っていこう」と提案してくれました。これは、飯田線のことが好きな私への配慮だと思います。

坂道を下りて国道153号線に入ると、大きなカーブを描くことになります。左手に見えてきた高架に、飯田線がちょうど滑りこんできたところでした。

「え⁉　どうしたの⁉　なぜ、電車があんな場所で停まったの？」

助手席の窓から外を眺めていた友人が叫びました。そう、田切駅は見晴らしのよい高架上にあります。そこが駅であると私には分かっていますが、それを知らない彼女の反応は実に新鮮なものでした。確かに、不自然な位置にあるのです。そこで調べてみると、田切駅は一九八四年に現在の場所に移動していました。旧駅は現在の場所よりも北側に位置していましたが、カーブの途中にあるとのことで、安全を考慮して現在の場所に移ったようです。

それにしても、移動先を現在の位置としたということは、駅に適した場所がなかったからでしょうか。ちなみに、田切駅は『究極超人あ～る』（ゆうきまさみ作）というアニメに描かれているることが理由で「アニメ聖地巡礼発祥の地」と書かれた石碑が建てられています。夏には、アニ

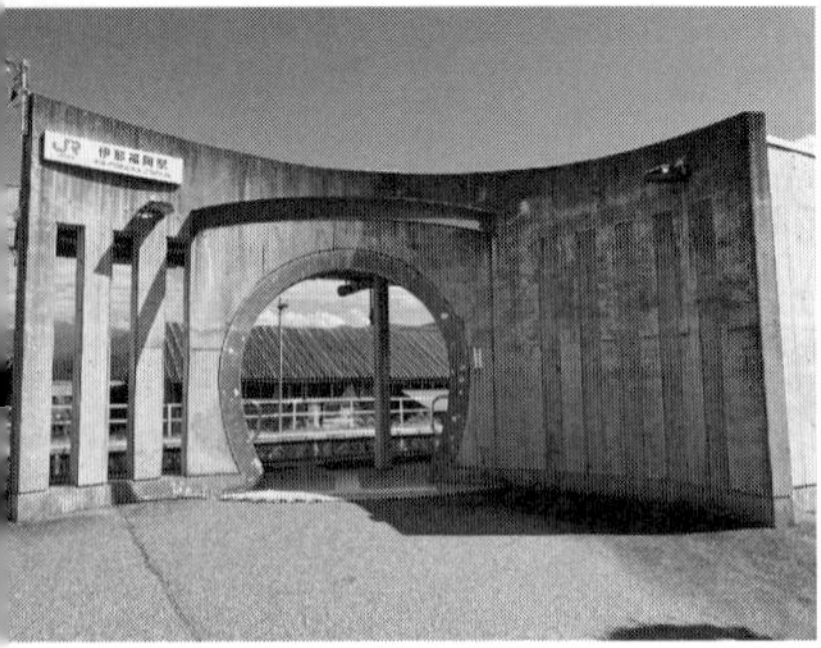

伊那福岡駅の「Ω」の入り口

アニメ聖地巡礼発祥の地

メの内容にちなんで、田切駅から伊那市駅までを自転車で走るというイベントが開催されています。

その後、伊那福岡駅に向かったのですが、今度は運転をしている友人が、「このあたりはカーブや坂道が多いな」とつぶやきました。

このあたりの地形の特徴で、鉄道を敷設するときにも工夫がされています。直進できない箇所ではΩの形を描いてゆっくりと迂回するように走りますから、車窓からの眺めを十分に楽しむことができます。ドライブ好きのお二人には申し訳ないのですが、断然、電車をおすすめしたい区間となります。とくに秋から冬にかけては、アルプス山脈に雪が積もった景色を堪能することができます。

そういえば、伊那福岡駅の入り口もΩの形をしており、アーチをくぐるようになっています。それを見ながら私が田切の地形の話をすると、友人たちは飯田線に興味をもちはじめたようで、「Ωカーブの場所を確認したい」と言って、地図を見ながら車を走らせてくれました。今度は、「車は便利だ」と私が思った瞬間です。

改めて考えると、レンタカーや自転車と飯田線を組み合わせれば、よ

アルプスから流れでる与田切川

り一層旅の範囲が拡がり、外から見る鉄道の風景を楽しむことができそうです。一一二ページで紹介したように、サイクルトレインが採用されれば、より多くの人がここで紹介しているような風景を見て、感動することでしょう。

さて、太田切川、中田切川、与田切川などのように川の名前にも「田切」とついていますが、「田切地形」とも呼ばれる特異な地形を感じながら「乗り鉄」を楽しむ、そして、電車の速度やカーブのときに聞こえるブレーキ音、これもなかなか乙《おつ》なものです。地形を追いかけながら友人と学ぶ旅、楽しさ倍増です。

秋の空　ひねもすたぎり　たぎりかな（靖子）

アサギマダラの郷

（神川靖子）

みなさんは「アサギマダラ」という蝶をご存じですか？　渡り鳥ならぬ「渡り蝶」として知ら

アサギマダラの里

アサギマダラ

れています。秋には暖かい台湾へと南下し、春には日本に北上してきます。一〇〇〇キロ以上の距離を渡って移動する蝶なのです。淡い色の小さな羽で海を渡る姿を想像してみてください。健気な姿が浮かび、思わず応援したくなります。

アサギマダラは、秋の七草に数えられるフジバカマを好むようです。私が暮らす町でも、庭にフジバカマを植えてアサギマダラの飛来を待つという人がいます。アサギマダラを見かけた日は、小さな町ではちょっとしたニュースにもなるのです。

このアサギマダラがたくさん見られる「アサギマダラの里」（上伊那郡宮田村）があることを知り、太田さんと二人で出掛けました。九月末頃がねらい目だと聞いていたので、一〇月に訪れるのは少し遅いかと少し心配しましたが、二人が出掛けるときはいつも天気が良好です。必ずあの蝶に出合えると、自分たちの運については信じて疑わないポジティブな二人です。

この日は大田切駅で下車して、レンタカーを借りました。本来なら宮田駅が最寄り駅になるのでしょう。「宮田駅からタクシーで七分」とい

赤蕎麦の花

うアクセス案内があります。もし、時間に余裕があるというのであれば、景色を眺めながらウォーキングもいいと思います。「アサギマダラの里」に着くと、フジバカマが栽培されていました。私の背丈ほどあるフジバカマの間をしばらく歩いていると、ふわりと舞い上がった浅葱色《あさぎいろ》が視界に入りました。アサギマダラです！　花にとまって、静かに羽を開いたり閉じたりしています。近づいても逃げません。ステンドグラスのような美しい色と模様、そして可憐で、柔らかな動きにすっかり魅了されてしまいました。

気が付けば、小さな子どものように、私たちは顔を空に向けて、蝶を追うことに夢中になっていました。多いときには一〇〇頭も確認されるということです。近所の畑には別名「高嶺ルビー」と言われる赤蕎麦の花が一面に咲いていますので、アサギマダラとの共演が見られそうです。

飯田線の沿線には、さまざまな生物の物語があることも知りました。それらを追いかける旅、豊かな気持ちになります。

補足情報

『飯田線ものがたり』で紹介した伊那田島駅は、相変わらずりんご畑のなかにあるかわいらしい駅ですが、そこで紹介した赤蕎麦畑は現在栽培されていません。しかし、「ルビーの里　駒ヶ岳ガーデン」（宮田村）や「ルビーの里　エクステリアガーデン」（駒ケ根市）や「赤そばの里」（箕輪町）がありますので、こちらでご覧になることができます。私たちは宮田村の「ルビーの里」を訪ねましたが、赤蕎麦の花は満開で、ミツバチが集まっていました。

（太田朋子）

トンネルの話

二〇一七年は「飯田線全線開通八〇周年」でした。一九三七（昭和一二）年八月二〇日、現在のＪＲ飯田線の前身となる四つの私鉄、「豊川鉄道」、「鳳来寺鉄道」、「三信鉄道」、「伊那電気鉄道」のうち、最後まで残っていた三信鉄道が開通したことによって全線開通となり、愛知県の「豊橋駅」から長野県の「辰野駅」までがつながったわけです。

八〇周年を記念して、沿線の各駅では「飯田線マップてぬぐい」や地域限定の「オリジナルフレーム切手」が発売されました。ＪＲ東海でも記念企画が実施されたほか、特別な急行「飯田線秘境駅号」(「まえがき」参照)が登場したのもこのときです。

そんななか、私たちは同年七月に『飯田線ものがたり』を出版したわけです。新聞やラジオなどで取り上げていただいたほか、書店や図書館でのトークイベントという機会までいただきました。まったくの素人が本を出版し、そのうえにトークイベントの開催、本当に戸惑うことばかりでした。

全線開通八〇周年の年が終わろうという一二月二三日は、その年最後のトークイベントの日でした。これが最後のトークイベントとなるだろうから、「もうひと息頑張ろう」とお互いを奮い立たせ、神川さんとともに、会場となった浜松市立中央図書館二階の会議室に向かいました。開始まで少し時間があったので、私たちは会場の隅に座ってはじまるのを待っていました。

すると、「『飯田線ものがたり』を読みました。私はカ子トさんと同じく測量士をしていました」と、年配

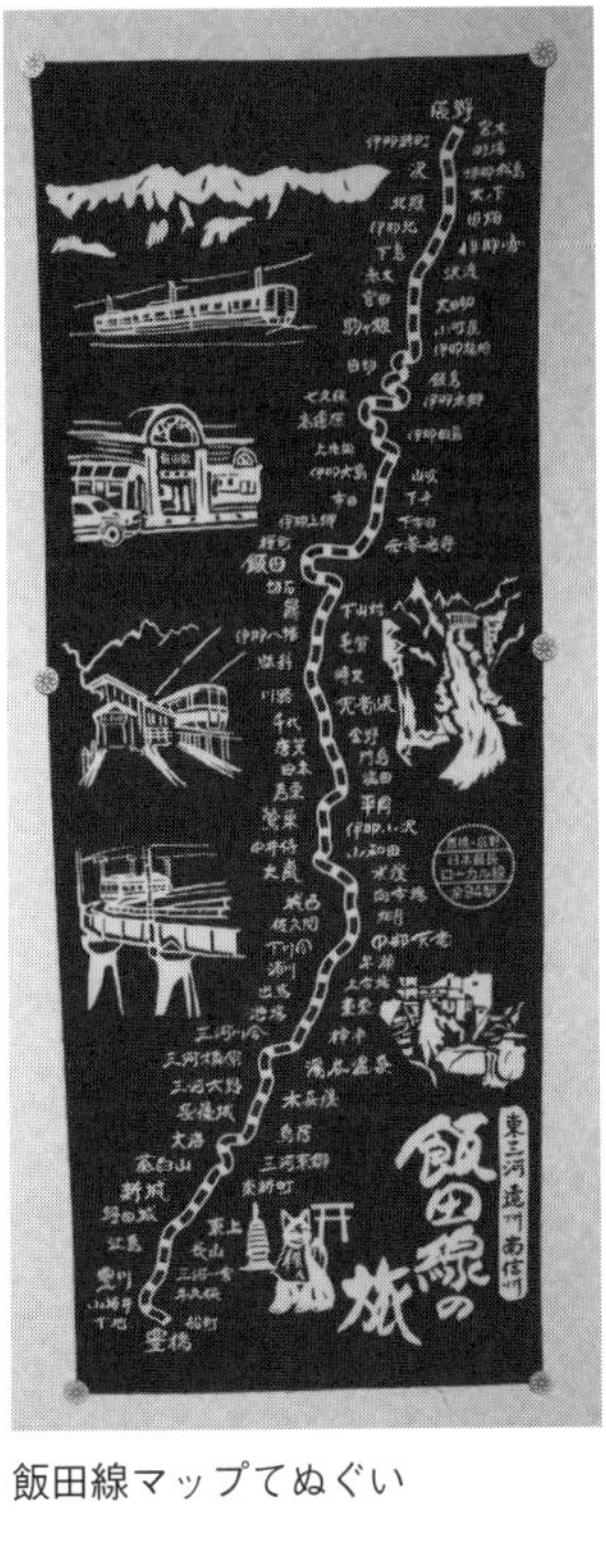

飯田線マップてぬぐい

の男性が声をかけてくれました。続いて声をかけてくれたのは、元浜松市長である北脇保之氏の奥様、北脇浩美さんでした。お名前を聞いたとき、すぐに私の友人である堀内久江さん（浜松市天竜区佐久間町城西在住）の親戚だと頭に浮かびました。

北脇さんからも、「『飯田線ものがたり』を読んだら、堀内久江さんの名前が出てきてびっくりしました」と言われました。そして、続けて、「沢田猛さんの『石の肺――ある鉱山労働者たちの叫び』（技術と人間、一九八五年）を読み返しました」と言われ、私のほうが驚きました。『飯田線ものがたり』を書くときに、『カネト――炎のアイヌ魂』（ひのくま出版、一九八三年）の著者、元毎日新聞の記者でノンフィクション作家の沢田猛さんの著書は何冊か読んでいたのですが、『石の肺』は未読でしたので、書名を覚えておいて読んでみようと思っていたわけです。

後日、図書館で借りて読んでみると、『石の肺』は、「遠州じん肺訴訟」を追ったルポルタージュでした。「遠州じん肺訴訟」とは、かつて浜松市天竜区佐久間町にあった久根《くね》鉱山（古河鉱業旧久根鉱業所）や天竜区龍山町にあった峰之沢鉱山（日本鉱業旧峰之沢鉱業所）、そしてトンネル掘削工事現場などで働いている労働者が「じん肺」になり、その患者や遺族たちが、一九七八年に鉱業会社や建設会社を相手に提訴したというものです。この訴訟は、元鉱山労働者たちが全国で初めて企業責任を問う裁判であったにもかかわらず、一般にはほとんど知られていなかったのです。『石の肺』には、訴訟の様子や過程、患者や家族の壮絶な苦しみが描かれています。

原告団の団長である平出猪象は、自身だけでなく、父親をはじめとして親族も久根鉱山(2)で働いていました。猪象の父親は、付き添いの家族や見舞客に対して、「胸が苦しい。出刃かなにかで胸を刺して殺して欲しい」と訴えたほか、苦痛に耐えるために歯をくいしばったところ、前歯が欠けて口から血を流したこともあった、と書かれていました。

死後、遺体を焼いたとき、肺のところだけに、直径二〇センチ大の赤茶けた色をしたものが焼け残ったそうです。坑内で吸い込んだ粉じんの塊ということです。「石の肺」、これがこの本のタイトルになったわけです。

実は、平出猪象は北脇浩美さんの親族だったのです。

---

(2)　一七三一年に開山し、一九七〇年に閉山。明治後期から大正期にかけて硫化鉄鉱山として日本一の地位を占めました。元プロ野球選手で野球解説者の江川卓氏は、父親が久根鉱山で働いていたことから、小・中学生時代に佐久間町内で過ごしていたようです。自宅近くの天竜川で、対岸に向けて石を投げ、そのことで強肩が鍛えられたという話は地元で有名です。

かつて久根《くね》鉱山があった場所は、私が長年暮らしていた佐久間町城西地区の隣、山香《やまか》地区にありました。久根鉱山があったころの久根は、人口も多く、学校のほか店や映画館まであって大変栄えていたと話には聞いていましたが、『石の肺』を読むまでは、鉱山での仕事がこんなにも大変なことであったとは想像することもなく過ごしていました。映画などで観てきた鉱山の様子と久根鉱山を結び付けて考えることすらしなかったわけです。

『石の肺』を読んだあと、『あらがね』という小説の存在も知りました。こちらも、図書館から取り寄せて読んでいます。著者はプロレタリア作家の間宮茂輔（一八九九～一九七五）。出版されたのは一九三八（昭和一三）年で、大正時代の久根鉱山の様子が描かれており、震撼させられました。

地方産業の現実を描く「産業文学」の先駆とされ、川端康成（一八九九～一九七二）も「この長編力作は、十分表彰に価し、注目されるべき」と評しています。芥川賞の有力候補になったそうですが、大政翼賛体制が浸透しつつあった時勢、労働争議をテーマにした『あらがね』は受け入れられなかったようです（「馬込文学マラソン」ホームページ参照）。

久根鉱山でじん肺があったことは知っていましたし、じん肺患者の救済に尽力した海老原勇医師の存在も知っていました。山香地区にある西渡診療所において、昭和の終わりころ、私自身が海老原医師の診察を受けたこともありました。しかし、これほどまでに久根鉱山での現場が凄まじかったことや、じん肺が恐ろしい病気であったことは理解していませんでした。

そして、『石の肺』のなかには、久根鉱山だけではなく、飯田線の峯トンネルの掘削工事でも「じん肺が起こっていた」と書かれていたのです。このことが、私にとっては衝撃的でした。

じん肺について、厚生労働省のホームページでは以下のように説明されています。


主として小さな土ぼこりや金属の粒などの無機物または鉱物性の粉じんの発生する環境で仕事をしている方が、その粉じんを長い年月にわたって多量に吸い込むことで、肺の組織が線維化し、硬くなって弾力性を失ってしまった病気をじん肺といいます。

じん肺の初期症状は息切れ・咳・痰が増えるなどですが、進行すると肺の組織が壊され、呼吸困難を引き起こします。また、気管支炎、肺がん、気胸などの合併症にかかりやすくなるので注意が必要です。粉じん作業を行っているときは気づかなくても、じん肺の症状は数年から十数年かけてゆっくりと進行します。


『石の肺』を読んで、高度成長期、全国のダムやトンネルの工事現場に携わった人が、じん肺に苦しんでいることを知りました。大規模なダムやトンネル、新幹線開通といった華やかなニュー

スの陰には、忘れてはいけない労働者たちの「努力」と「苦しみ」があるのです。

さらに、久根鉱山では朝鮮の人たちが、峰之沢鉱山では中国の人たちが従事していたという事実も知りました。確かに、峰之沢鉱山の近くにある妙蓮寺には中国人殉難慰霊碑があります。もちろん、飯田線の工事においても多くの朝鮮の人たちが携わっていました。

久根《くね》鉱山があった場所を見下ろせる高い場所に明光寺があります。その境内に慰霊碑が建っています。その裏側を見ると、次のように刻まれていました。

遠州じん肺訴訟は昭和五十三年十二月十一日損害賠償請求を提訴し　十年余りに及ぶ長期裁判の結果　平成元年二月十日　東京高裁において和解を成立させ　すべての訴訟に勝利的和解を獲得した
又　遠州じん肺訴訟に加わらず　古河鉱業　日本鉱業　間組　飛島建設に勤務し　じん肺で殉職された方と併せて　謹んで慰霊碑を建立する

『石の肺』には、「佐久間ダム工事人夫募集」を頼りに、群馬県から佐久間ダム建設現場に来て、佐久間ダム取水坑の掘削工事に携わったのをはじめとしてトンネル工事に生きた末、じん肺患者となった植杉次郎の言葉が紹介されていました。

――……佐久間ダムをつくっているときは、わしらは日本一のダムをつくっている。これで戦争でメチャメチャにされた日本がよくなるかもしれない、とみんなそんな気持ちで働いていましたよ。（前掲書、一六〇ページ）

過酷な労働環境のなかでも誇りをもち、気持ちを奮い立たせて立ち向かっていたのでしょう。その現場を想像することさえできない私です。せめて、本などを読むことで、その事実だけでも知ろうと思っています。(3)

峯トンネルのことを少し知ると、同時期に造られた水窪《みさくぼ》町の「大原トンネル」のことも気になってきました。有名な「S字鉄橋」（二一九ページ参照）が誕生することになった裏には、建設途中で放棄することになったトンネルの存在があります。

（3）　久根鉱山とじん肺については、『佐久間の民俗』（遠州常民文化談話会、二〇一八年）にも、聞き取り調査の報告が書かれています。

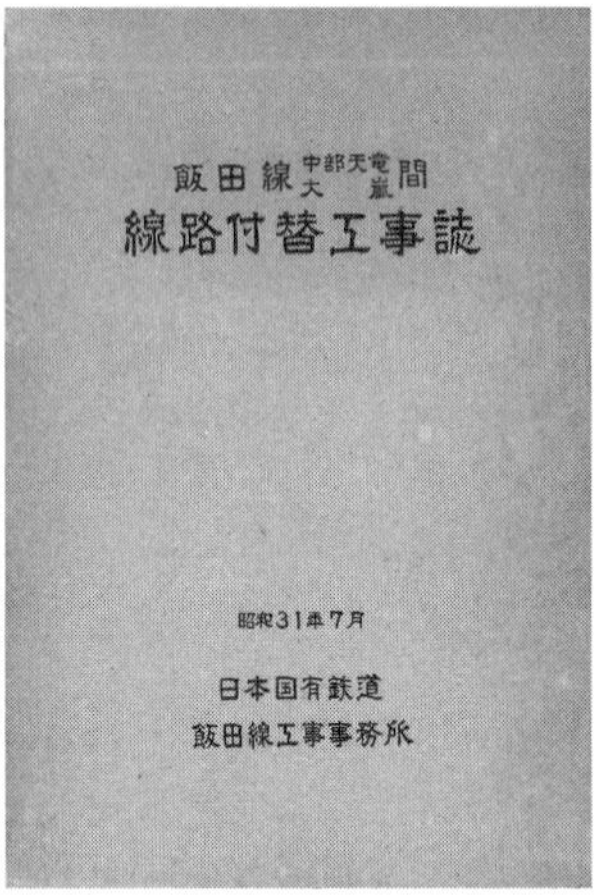

「飯田線中部天竜大嵐間線路付替工事誌」の表紙

『飯田線ものがたり』を執筆したときには、川村カ子トが測量した路線を中心に調べて書きました。佐久間ダムの偉業や、ダム湖に沈んだ駅や集落については触れましたが、付け替えられた路線について詳しく触れられなかったことがずっと心残りになっていました。そこで本書では、私なりに調べたことを記しておきます。

付け替え線については、「飯田線中部天竜大嵐間線路付替工事誌」という資料があります。それによると佐久間ダムは、一九五五（昭和三〇）年一一月一一日の新線切替後、翌月の一二月より湛水がはじまり、翌年一九五六年には、佐久間発電所で二三万キロワット（一部）の運転が開始されました。そして、同年九月に完成し、三五万キロワットの全面運転が開始されました。

この「工事誌」は、ダムが完成する直前の、八月一日に発行されています。七月二五日に書かれた「編集後記」には、次のように書かれています。

一　事務所の廃止までにこの工事誌を完成させせなければならなかったので、職員それぞれに分担執筆をお願いしたが、順次配転によって必要最小限度まで減少し、開通後における残工事も相当量にのぼつたため、工事誌に専念する時間の余裕もなかった。五月から本格的にとりかかり二ヶ月足らずでまとめたので、その内容については十分とは言い得ないが、少くとも今後の突貫工事のあり方並びに機械化等によるずい道工事については、極力実態を述べ将来の建設工事の参考資料の一助となるよう努めたつもりであるから、意のあるところを了とされ読者諸賢の御寛容をお願いする。

終りにこの工事誌編さんに協力して頂いた各位に対して、厚く御礼申上げる。

そして、「序」には、このように書かれていました。

飯田線中部天竜・大嵐間は天竜川水系電源開発を大きな使命として三信鉄道株式会社により当時粁（キロメートル）当り全国最高の建設費を投じてでき上がつたものであるが、佐久間に新しい時代に適合した高えん堤を築造するために自から水没する運命となつた。

これに代り新たに選ばれた路線は我国有数の地質不良な地帯を通過し、国鉄屈指の大原、峯の両長大ずい道等構造物が非常に多く、その上佐久間ダムより約一年おくれて着工し、その工程を制しないためには二年以内に線路の切替えをしなければならないというかつて経験したことのない工事速度を必要とした。
　工事は極力機械化して工期の短縮に努めることにしたが、次々と現われる地質不良に基いて増加する構造物の設計に、新しい工法を組合わせる設計変更に、或は滝のような湧水にいどむずい道掘進に全く悪戦苦闘の明け暮れがつづいた。しかし工事関係者のたゆまぬ努力の結集は克く大自然を征服、所期の目的を完遂し発電工事の工程をいささかも制することなく、無事昭和三十年十一月十一日新線路に切替え得たのである。
　ダム完成を目前にして既に三〇万KWを発電中の今日、付替工事がよくぞ間に合つたと冷汗三寸の思いである。工事中にはずい道に、橋りように幾多の新記録が生み出されたが、施工に追われ十分な記録を取り得なかつたので、各人の記憶を辿り忘備録を拾つて取りまとめ不満足ながらもこれを記録として残すことにした。
国鉄技術が益々健全に発達しこれらの工法、記録の次々と更新され日を期待してやまない。
　昭和三十一年七月
　　日本国有鉄道
　飯田線工事事務所所長　田中武夫

このような経緯のもと、放棄されたトンネルがあったわけです。まずは、「峯トンネル」から見ていくことにします。

峯トンネル（三六一九メートル、飯田線で二番目に長い）

前掲した「工事誌」には、とにかくスピードを重視するため、試行錯誤した様子が書かれています。トンネル中央部に三六〇メートルの未契約区間を残し、佐久間方一五九九メートルを「鉄道建鉄」が、相月方一六六〇メートルを工期二〇か月で「飛島土木」が契約し、直ちに着工されました。未契約区間については、「早く工期を終えたほうが契約できる」とし、競わせたわけです。
「工事誌」の「相月方坑内の衛生環境調査」のなかには、次のように記されていました。

ずい道内の衛生環境のよくないことは常識となつているが、付替線中特に長大である大原ずい道の大嵐方と峯ずい道の相月方を選び、その状態の調査を行うこととなり、相月方坑内の環境を二九、一二、一〇～一四の五日間に亘り、厚生局保健管理室の手によつて調査され、次のような結果となつた。調査の結果、一酸化炭素・炭酸ガス・ニトローゼ・塵埃量等は発破直後は非常に多く、三〇，～一。三〇，［三〇分～一時間三〇分］位で急激に減少するようであるが、そう音とともに全般的には限度を越す程度となつている。従つてこの対策としては悪条件の解消にある事は明かであるが、当時の作業過程にあつてはできなかつたので、とりあえず次のようにした。
発破直後三〇分間はかなり有害ガス・塵埃が多いのでマスクを装着させることとし、またそう音は作業によつては、かなり高音を発するものであるので耳栓をするように努めさせた。なおマスクは、一日に二回とりかねばならない状態であった。

しかし、『石の肺』には、峯トンネル工事を含むトンネル工事に一三年間携わり、じん肺患者となった川口昭三の証言として、「他のトンネル工事と合わせての一三年間、じん肺検診や一般の健康診断すら一度も行われず、防じんマスクも支給されなかった」（一四四ページ）と記されています。そして、工事の進み具合が悪いと、「工期に間に合わない」と怒られたそうです。

峯トンネル開通（提供：佐久間図書館）

工期を短縮するため、佐久間ダムと同じく、機械化施工の導入が試みられました。「峯トンネルは地質が悪く、大型の全断面用掘削機械の手配ができなかったため、半断面掘削工法が採用されたようです。試行錯誤しながら、悪い地質、短い工期と闘った様子が「工事誌」に書かれていました。

一方、一九五五（昭和三〇）年九月一〇日に発行された「村報　さくま」には、次のように書かれていました。

峯トンネル貫通　坑道内で感激の握手

昨年二月一八日、鉄道建設興業株式会社、佐久間作業所の手により着工した峯トンネルは、反対側より着工した飛島土木との協力工事推進により、一年四ヶ月の、苦闘の上、五月三十一日午前十一時五分、ダイナマイト二十キロの爆破により貫通した。石井相月、中村佐久間の両工事区長は感激の握手をしたのであった。峯トンネルは延長三六一九米日本で九番目のトンネルで総工事費六億七千四百万円、延べ人員三十一万人の大工事であった。

この日十時五十九分、関係者一同、かたずをのむうち、田中所長が黒光りのするスチッチボタンを力いっぱい押した。一分、二分、突如見張所の電話のベルがなり、貫通成功が報告され拍手と万歳が峯山遠くひびき渡ったのである。

後世、ながくつたえたい峯トンネル貫通の感激！

当時、地元の人たちが大偉業に対して喝采している様子がこの文脈から伝わってきます。それほどの事業であった、ということです。

次に紹介するのは、飯田線最長となる大原トンネルです。

大原トンネルの中部天竜大嵐間付替線完成記念碑

大原トンネル（五〇六三メートル）

大原トンネルでは、全断面掘削と鋼製支保工を併用し、「ドリームジャンボ」や「コンウェイ一〇〇型ずり積機」などの大型トンネル機械が駆使されました。大原トンネル掘削にあたって、記録的な掘削進行ができたのは、コンウェイのおかげだということです。

一九五六（昭和三一）年七月二一日、工事の完成を記念して、大原トンネルの出口付近に「中部天竜大嵐間付替線完成記念碑」が建立されました。記念碑は、コンウェイ一〇〇型ずり積機のディッパーをモチーフにしたモニュメントを中心に置き、左側に慰霊碑、右側は竣功碑となっています。ちなみに、「慰霊」の文字は藤井松太郎国鉄技師長、「竣功」の文字は高原芳夫国鉄建設部長の揮毫によるものです。また、大原トンネルの坑門に掲げられた「大原隧道」の扁額は、「新幹線の生みの親」と言われる十河《そごう》信二（一八八四～一九八一）国鉄総裁（第四代）の揮毫によるものです。

なお、一九五五年一一月一一日に十河国鉄総裁を迎え、「付け替え新線開通祝賀式」が水窪《みさくぼ》町において、関係者六〇〇名が参列して盛大に行われたということです。

これらの大型機械をトンネル内で使用するためには、支保工（内部が崩れてこないように支えるためのもの）としてアーチ支保工が必要となります。峯トンネルと大原トンネルでは、飯田線の輸送力増強のために交換された三〇kgと三三kgの古レールでレール支保工を製作し、使用されました。大原トンネル第一横坑の痕跡とレール支保工は、今でも見ることができます（一九一ページ参照）。ちなみに、新しく敷設されたのは「三七kgレール」となっています。

大原トンネルで実用化された鋼製支保工と機械化施工の組み合せは、その後の山岳トンネル工事の標準工法となり、ＮＡＴＭ工法(4)が普及する一九七〇年代の後半まで、新幹線のトンネルや青函トンネルなどに継承されています。

児童向けの書籍『見学しよう工事現場2　トンネル』（溝渕利明、ほるぷ出版、二〇一一年）の「日本のトンネル」のページを開くと、次のように書かれていました。

（4）（New Austrian Tunneling Method）新オートリアトンネル工法。主に、山岳部におけるトンネル工法の一つで、掘削部分にコンクリートを吹き付けて迅速に硬化させ、岩盤とコンクリートとを固定するロックボルトを岩盤奥深くにまで打ち込み、地山自体の保持力を利用してトンネルを保持する工法です。

太平洋戦争後は大型掘削機械や鋼アーチ支保工をとりいれ、工事のスピードは早くなり、事故も少なくなりました。そのさきがけは、国鉄飯田線の大原トンネルです。大型掘削機ドリルジャンボや、大型ズリ積み機、鋼アーチ支保工、移動式型枠をつかったコンクリート打設などさまざまな技術が活用されました。こうして、一九五五年、五〇〇〇mのトンネルを二三ヶ月のスピードでしあげました。

いかがですか、大原トンネルの完成は、歴史的にも大いに意義のあることが分かります。

切開《きいなま》ずい道（一八八メートル）

前掲した「工事誌」によると、切開ずい道付近はとくに地質が悪かったため、「全区間支保工を要し、逆巻で施行した」と書かれています。

延長距離は一八八メートルですが、坑口の地質が悪いため、「将来の列車運転保安上より、豊橋方にはずい道と同じ型の落石おおい五mを、出口では古レール製落石おおい一四・六mを坑口に接続して施行」したと書かれています。

実際、『飯田線ものがたり』を執筆中にも、トンネルの出口付近は崩れていました。落石レール防護柵として、支保工と同じく古いレールが使用されていました。

向皆外ずい道

向皆外《むかがいと》ずい道（未完成）

一方、向皆外トンネルは、水窪《みさくぼ》川左岸の山端を貫く、「延長四五メートルの被りの薄いずい道であった」と「工事誌」に書かれています。豊橋方坑口より二三メートルのアーチを畳築《じょうちく》（巻き立てのこと）したときに台風12号、14号（一九五四年）が連続して襲来し、地表が崩れてずい道も一部が崩壊したと言います。地山の移動は大規模なもので、既定の線路を建設することがほとんど不可能なため、線路を変更して、「第六水窪川橋梁」（四〇〇・七メートル）を新設したわけです（二九ページ参照）。

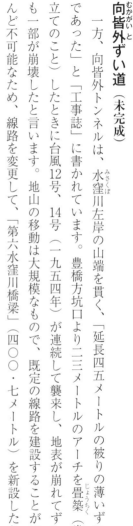

『飯田線ものがたり』を出版してから半年後の二〇一八年二月、向皆外ずい道南口を確認するために、トンネルのすぐ近くに住んでいる知人に案内してもらいました。先にも述べたように、出版時には付け替え線について詳しく調べたり、触れたりしなかったことが心残りになっていましたので、それが解消できるという最高の機会です。

二月ということもあり、草が枯れているために足元がよく見え、案内人もいたため現場まで容易にたどり着くことができました。生い茂る木々のなかに、「どかーん」とトンネルの入り口が見えました。とはいえ、土砂がかなり上まで入りこんでいました。

その様子を写真に収めたあと私は、この向皆外ずい道南口から線路が続くはずだったんだなーとイメージしながら城西大橋のほうへ歩いていきました。不思議なことに、橋からこのトンネル入り口に向かって、確かに一本の線路を思い浮かべるができたのです。

ここでは、トンネルを中心に飯田線沿線の歴史を振り返ったわけですが、読まれたとおり、少し心が重くなるお話となりました。唯一、「工事誌」を読んでいて驚いたことを記しておきます。目を疑うようなびっくりする数字があったのです。それは、停車場建物について書かれた項に記されていた駅勢圏人口でした。

——佐久間三三八二人、相月二七八三人、城西二〇七八人、向市場（水窪町による請願工事）二七〇〇人、水窪七三四四人

と、なっていたのです。当時の相月《あいづき》駅における駅勢圏人口の多さに驚いてしまいました。

コラム
飯田線こぼれ話

祭りと工事区(Y字トンネル)　(神川靖子)

飯田線第一久頭合トンネル新旧トンネル
ドッキング部分の施工記録
ドッキング区間を走るクモハ54100型
＜ 昭和52年2月　岐阜工事局　水窪工事区 ＞
令和3年5月　総まとめ編集

「水窪祭りが来ると、トンネル工事のころを思い出しますね」と言ったのは、水窪町《みさくぼ》に住む入口忠男さんです。「水窪祭り」とは、毎年9月に開催される地域色が豊かな行事です。

1974(昭和49)年に飯田線の第一久頭合隧道《くずごうずいどう》の付け替え工事が行われたとき、向市場駅《むかいちば》には事務所とともに作業員の寮が置かれ、夜間作業もありました。「それが祭りの日にはわびしかったわけですよ」と、入口さんは当時を振り返りました。

城西《しろにし》駅と向市場駅の間にある鉄道構造物として珍しいトンネル第一久頭合隧道。そもそも岩盤が脆い状態の所でしたが、1968年、第一久頭合隧道のアーチコンクリートにおいて開口亀裂が増大していく様子が確認され、「運転保安上危険」と判断されました。そこで、崩落が心配される城西側から新しいトンネルを掘ることとなり、安全な箇所はそのまま利用するという工事が計画されました。つまり、途中で新トンネルと現行トンネルをドッキングさせるという工事です。

入口さんが所有する資料によると、電化区間において、途中で新トンネルと旧トンネルをドッキングさせるという工事は前例がなかったそうです。旧国鉄の岐阜工事局に勤務していた入口さんは事務係ではありましたが、作業員の一人が、当時はやっていた歌謡曲のメロディーに自作の詞を載せてうたった歌を懐かしく思い出すそうです。その歌詞には、「祭りと工事区」というタイトルがつけられていました。

♪仕事に追われて青色吐息　村の祭りが心に残る
さわぎを尻目にトンネルへ　入る我が身のわびしさよ♪

「合唱劇カネト」——再会と出会い（太田朋子）

二〇二三年一一月一九日は、「再会」と「出会い」という濃い一日となりました。前著『飯田線ものがたり』の原稿を書くようになってから出会った人たちと再会し、今書いている原稿につながる人たちとの出会いの日となったのです。

前日、豊橋駅から中部天竜駅まで「飯田線ディスカバー号」に乗車した私たちは、翌朝、水窪《みさくぼ》駅から一緒に平岡駅に向かうことになっていました。まずは、長い一日のはじまりの朝食。「山の幻」と言われる愛知県東栄町産のミネアサヒ米で握ったおむすびを神川さんが用意してくれました。東栄町の「himitsu kitchen 結」さんが静岡県水窪町の「スーパーまきうち」で「朝むすび」として、出張販売していたものを購入してくれたのです。とくに「キミむすび」は、ふんわり、温かなご飯に、とろりとした卵の黄身の味が絶品でした。

キミむすび

朝八時少し前に水窪駅に着くと、駅舎の前にスーツ姿の男性グループがいました。列車に乗る感じではなく、水窪の街並みを眺めてる様子だったので、「何かの視察？」と不思議に思いながらホームへ向かいました。ホームで、「キミむすび」がとてもおいしかったことなどを話しながら列車を待っていると、先ほどのグループが、無人駅ゆえに普段は閉ざされている駅員室の中に入っていくではありませんか。突然、私たちの好奇心が炸裂してしまいました。

ホームを離れ、その人たちに「何をされているのですか？」と尋ねました。もちろん、私たちのことを名乗っています。そうしたら、その人たちが、「ＪＲ東海の社員で、水窪駅舎の活用を考えるために視察に来た」と言うのです。そのうえ、うれしく、ありがたいことに、一人の男性から「『飯田線ものがたり』を買って読みました」と言われました。するとカンカンカンと音が鳴り、残念なことに、列車が来る時間となったので私たちは慌ててホームに戻りました。

水窪駅舎の今後が気になりますが、とりあえずこのときは、なんだか幸先がいいような気がして到着した列車に乗っています（「あとがき」にて後日談を書きます）。

列車に揺られていると、何と途中の小和田《こわだ》駅から、映画『秘境駅清掃人』の主人公である高橋祐太さんが乗ってきました。最近、私たちが休日に飯田線に乗ると、必ずと言っていいほど高橋さんに遭遇します（二一二ページ参照）。

平岡駅で私たちが降りるとき、高橋さんが降りてきません。（どこまで行くのだろう？　挨拶をしておこう）と思って別の車両にいた彼を探すと、何と寝ていました。窓ガラスをトントンと軽くノックすると、飛び起きて彼も降りてきました。どうやら、平岡駅に置いてあった清掃道具を取りに来たようです。この日はTV取材の予定が入っていたようなので大忙しの一日、乗り過ごさなくて本当によかったです（何といっても、本数が少ないですから）。

さて、この日が私たちにとってなぜ「特別な日」になったのか、その経緯をお話しします。

二〇二三年九月二〇日、神川さんから「SNSで見つけた投稿を見てください」という連絡が入りました。それを確認してみると、「明日からの予習」という投稿とともに、『カネト――炎のアイヌ魂』と『飯田線ものがたり――川村カネトがつないだレールに乗って』の写真が掲載されていたのです。どうやら投稿者はアイヌ民族の方のようです。その方がこの二冊を読んで、飯田線に乗ってくださったことに感動するとともに、この投稿を見つけた神川さんに脱帽しました。

そして、二日後、また神川さんから次のような連絡が入りました。

先日、平岡での取材の時（八八ページ参照）に知り合った川上正明さんが連絡をくれました。「今日、川村カ子トさんのお孫さんが平岡に来ました。十一月十九日に平岡のなんでも館（天龍村文化センター）でカネトの合唱劇があることをお伝えしたから、また来られるかもしれません。是非連絡してあげてください」

神川さんが示してくれた連絡先には、八谷麻衣さんと山川冬樹（ホーメイ歌手、アーティスト、秋田公立美術大学准教授）さんの名前が書かれていました。

「ということは、先日のＳＮＳの投稿はその方だったということですか？」と神川さんに尋ねると、「そのようです」という答えが返ってきました。

改めて、そのときのＳＮＳを確認してみると、その続きが投稿されていました。それを読むと、平岡駅での展示のなかでお祖父さんを見つけたり、お祖父さんのことをいろいろと想像しながら列車に乗ってる様子が書かれていたのです。お祖父さんというのは、『飯田線ものがたり』で紹介した川村カ子トのことです。この投稿を読んで、またまた感動してしまった私です。

神川さんと相談して、八谷さんに連絡しようということになりましたが、その前に、あるアイデアが浮かびました。

――最近注目されている、廃線跡ツアーのガイドをしているのが川上正明さんであることをインターネットのニュースなどで知っていたので、一一月一九日に八谷さんが来訪できたら、川上さんにガイドをお願いして、一緒に廃線跡を回ってみるというのはどうだろうか。そして、そのときには、カ子トとともに北海道や飯田線の前身である三信鉄道の測量をした竹内留吉の孫、竹内雅明さんもお誘いするというのは……。

竹内雅明さんには、『飯田線ものがたり』の執筆時に大変お世話になっています。日本画家でいらっしゃる竹内さん、その後も展覧会の案内をくださるといったお付き合いが続いています。早速、竹内さんに連絡をとり、一一月一九日に「合唱劇カネト」の公演があること、その際、カ子トのお孫さんがいらっしゃるかもしれないこと、そして平岡駅周辺の廃線跡ツアーも計画していることをお伝えすると、次のような返事が届きました。

「『合唱劇カネト』は、今まで都合がつかず観劇できてないので、是非伺いたい。お孫さんにも是非お会いしたいいし、廃線跡ツアーにも参加したい」

一方、八谷さんには、『飯田線ものがたり』を読んでいただいたお礼とともに、その筆者であることを伝えたうえで、川上正明さんから、一一月一九日の「合唱劇カネト」にいらっしゃるかもしれないと聞いたことや、当日、川上さんのガイドで飯田線の廃線跡をめぐる計画があること、そして、お祖父さんと一緒に測量をした竹内留吉のお孫さんも参加される旨を伝え、「もしご都合がつけば、是非、八谷さんにもお越しいただきたい」というメールを送りました。

その後、調べて分かったことですが、八谷さんはアイヌの伝統歌を歌う「マレウレウ」のメンバーの一人で、「マユンキキ」というアイヌ語名で活躍されているアーティストということでした。歌手としてだけではなく、さまざまな表現活動をしておられ、本当に忙しい日々を過ごされているようでした。

ところで、「マレウレウ」のグループのメンバーをインターネットで見たとき、驚きました。何と、旭川市にある「川村カ子トアイヌ記念館」の副館長である川村久恵さんのお顔があったのです。ムックリ奏者として活動されていることはもちろん知っていますが、お孫さんたち（八谷さんの姉がリーダー）と一緒のグループに入っていたとは、思いもしませんでした。機会があったら、是非、聴いてみたいと思っています。

さて、一一月一九日午前一〇時、廃線跡ツアーのために平岡駅に集合です。八谷さんと竹内さんが対面するという、時空を超えた「再会シーン」です。お二人が頭を下げて笑顔で挨拶されるシーン、何とも言えないほど温かい気持ちになりました。

八谷さんと竹内さん（精進澤橋梁の前）

この日のツアーには、ガイド役の川上さん、私たち二人（太田、神川）、八谷さん、山川さんとお連れの方、竹内さんご夫妻、そして竹内さんが運営されている絵画教室の生徒さんとお連れの方、合計一一人が参加しています。平岡駅から鶯巣《うぐす》駅までの間にあるスポットをめぐるということなので、二台の車に分かれて出発しました。

最初に訪れたのは、鶯巣駅の手前にある新旧二本の

北沢橋梁（奥）第一北澤橋梁（手前）

橋が並んでいる場所です。手前が旧線の「第一北澤橋梁」、奥が新線の「北沢橋梁」です。[5] 二本の橋が並ぶ姿は圧巻です。とくに、旧線の橋脚が巨大で、コンクリートの中に石が入っているのが分かります。川上さんに「石はどこから運んだのですか？」と尋ねると、「この近くの川から運んだものでしょう」という回答でした。

『鳳来町誌　交通史編』（鳳来町教育委員会、二〇〇三年）にも、三信鉄道の建設時の話として、石を使って工事費を安くあげたことや、資材の調達・運搬が困難な地では近くにあるものを使ったことが書かれていましたので、この橋脚の姿に合点がいきます。

旧橋の橋脚のたもとで、川上さんから平岡にまつわる歴史の話を聞きました。簡単には語ることのできない、複雑で重みのある話に一同が聞き入ったわけですが、その紹介は、紙幅の関係で別の機会とさせていただきます。

次にめぐったところは「浄心の滝」です。細い滝なのですが、その手前にサビついた旧線の橋（精進澤橋梁）が架かっています。その橋の前で記念撮影をしています（一八一ページの写真）。

ふれあいレストラン龍泉閣

時間の都合もあって、旧トンネルに複数の穴が並んでいる崖壁は車の窓から眺めることになりました。トンネルが崩れるのを防ぐために、側面に穴が開けられたということです。

急ぎ足となりましたが、これで廃線跡めぐりは終了。平岡駅に併設されている「ふれあいレストラン龍泉閣」内のレストランで昼食をとったあと、いよいよ「合唱劇カネト」の鑑賞です。

開演前のロビーで、かつて水窪《みさくぼ》で行った公演の際にお世話になった、指揮者の小杉眞知子先生を見つけました。お互いにここで会えるとは思っていなかったので、感動の再会を果たしたことになります。ちなみに、小杉先生は、この日の公演ではアルトで参加されるということでした。

ふと、神川さんのほうを見ると、前著の取材時にお世話になった人との再会を懐かしんでいる様子でした。また、映画『秘境駅清掃人』の太田信吾監督や高橋さんのお母さんにも会場で会っています。

考えてみれば、この日には、『飯田線ものがたり』のオールキャストが勢ぞろいしていることになります。それぞれの人が事前に打ち合わせをして集合したというのではなく、『合唱劇カネト』がみなさんを集め

(5)「鶯巣駅－平岡駅」間にある旧線の第一北澤橋梁は、一瞬ですが車窓からも眺められます。乗車される機会があったら、是非ご覧になってください。

合唱劇カネト

たのではないかと思えてなりません。それほど感慨深い空間となっていました。

さて、開演時間になると、まずは「飯田カネト合唱団」を率いる清水勝弘団長からの挨拶です。清水さんも、カ子トのお孫さんが来場されていることを直前に知ったようで、それこそ驚きながら、八谷さんが来場されている旨を紹介していました。八谷さんはというと、公演がはじまる直前にアイヌ民族の伝統衣装に着替えて来場されていました。それが理由でしょう。観客もすぐに誰かと分かったようで、会場がざわつきはじめました。

清水さんは、「合唱劇『カネト』を歌う合唱団」が水窪《みさくぼ》で公演をした際に賛助出演してくださった人です。水窪での公演後に実行委員のメンバーとともに天竜峡を訪ねた際、「天竜峡温泉交流館　ご湯っくり」という施設で手打ち蕎麦を提供していただいたことが思い出となっており、「蕎麦打ち名人」と頭にインプットされていましたが、後日お目にかかったとき、大変謙虚で偉大な人だと判明しました。

合唱劇の内容は前著で紹介しているとおりなので、ここでは省略させていただきますが、久し

「線路がない歌」の「北へー北へー」

ぶりに観た『合唱劇カネト』、やはり何度観ても心に沁みてきます。水窪での公演を思い出しながら、私も思わず、「北へー北へー」、「南へー南へー」と、「線路がない歌」を口ずさんでいました。

こうした合唱劇や本、メディアなどを通して、川村カ子トが差別にも屈せず、高い技術をもって測量や工事に携わってくれたおかげで今日の飯田線があることを忘れてはいけないし、伝えていかなければならないと改めて思った瞬間でもありました。

終演後のロビーでは、各新聞社の地元局の記者が八谷さんに対して取材をしていました。

「今日は飯田カネト合唱団が天龍村で公演する日なので、私のことを大きく取り上げないで、地元の方のことを中心に書いてください」と、八谷さんがすべての記者に向かって話されていました。

劇中にカ子トが民族差別を受けたシーンがありますが、現在もその差別がないとは言えません。八谷さんの、相手の気持ちを思いやる心と気遣い、そして思慮深さを見せていただいた場面でもありました。

時間は前後しますが、この日には新たな発見もありました。

「これが祖父」（手前が竹内さん、奥が川上さん）

廃線めぐりツアーの集合時間前、平岡駅に常設されているパネル展「飯田線の歴史　三信鉄道　記録写真でたどる飯田線」を竹内さんたちと見ていたときのことです。前著（四三ページ）でも紹介しているほか、さまざまな書籍にも掲載されている三信鉄道測量隊の写真がここにも掲示されていたのですが、その写真の前で竹内さんがある人物を指差して、「これが祖父ですね」とおっしゃったのです。

そして、週に一度、お祖父さまが「三信鉄道工事殉職碑」（中部天竜駅付近）に手を合わせに行っていた、とも話されていました。三信鉄道の工事で亡くなった人がいたことを、ずっと悔いていたとのことです。

それにしても、あまりにも有名な写真のなかにお祖父さま（竹内留吉）が写っていたとは！前著の執筆時にはまったく認識していなかった事実です。探究力や観察力のなさを、このときも思い知らされました。しかし、前著を出版したことでさまざまな人とのつながりができ、現在においてもさまざまな情報をいただいています。「受け継ぐ」というのは、このような「人の連鎖」ではないかと思っています。

ところで、この写真に竹内留吉が写っているということは、川村カ子トもいるのではないかと思うのですが、残念なことに、私にはどの人がカ子トなのか分かりませんでした。

後日聞いたことですが、合唱劇の翌日、八谷さんは川上さんの案内のもと、二〇一九年に完成した「そらさんぽ天龍峡」（五三ページ参照）から飯田線の線路や、カ子トが生き埋めになりそうになったトンネルの入り口を見学されてから帰路に就かれたということです。この二日間で八谷さんがどのような感想をもたれたのか、非常に興味深いです。機会があればうかがいたいと思っています。

「そらさんぽ天龍峡」は、飯田線を眺めるのに最高の場所なんですが、高所恐怖症の私はまだ途中までしか歩いていません。いつか必ず再チャレンジして、トンネルから出てくる列車を見たいと思っています。

最後に、私のお宝写真をお見せします。前著において、一九六〇（昭和三五）年四月、カ子トが郷土発展の鉄道功労者として天竜峡に招かれた際、途中で佐久間町に立ち寄ったことを記しました。『郷土の百年』（南信州新聞社、一九六八年）の「アイヌ酋長の来峡　今村良夫」に、「十二日　佐久間町浦川亀楽旅館泊」と書かれていたからです。残念なことに、佐久間町内では当時の記録を見つけることができませんでしたので、前著では旅館の写真だけをなんとか探し出して掲載しました。

ところが、今回の取材中、浦川滞在時の写真を見つけることができたのです。旅館「亀楽」の

亀楽の前に立つカ子ト

前で撮影された写真があったのです！　まちがいなく佐久間町に再訪したことが分かる写真を発見して、感動してしまいました。

その写真とともに、四代目尾上栄三郎（一八二九〜一八五八・前著一二三ページも参照）のお墓の写真もあったので、そこへも立ち寄ったようです。また、佐久間ダムの堰堤一五〇メートルを、太刀を佩《は》いて（腰に吊す状態）歩いたことや、縄文遺跡に目を留めたこと、そして夜には旅館で浦川音頭を聴いたことが分かりました。

前著では、「佐久間小学校でアイヌの踊りを披露したのかもしれない」、「三信鉄道殉職碑にも立ち寄ったかもしれない」と書きましたが、そのような記録は今回も見当たらず、日程的にも厳しかったのでは、と思えてきました。当時は、ほかのアイヌ民族の方々も全国を回っていたようなので、佐久間小学校や浦川小学校の子どもたちは、これらの踊りを観たのかもしれません。

「出会いは偶然ではなくて必然である」——学生時代の恩師がよく口にしていた言葉ですが、「本当に、そのとおりだ」と実感した一日でした。

第4章

冬

「飲み喰ひの心に合ふや年忘れ」

（井上井月）

古いレールと鉄分補給

（太田朋子）

「ガタンゴトン、ガタンゴトン」という電車の音ですが、冬になると大きく聞こえると感じたことはありませんか。実は、冬になるとレールが縮み、レールとレールの間が少し開くために起こる現象なのだそうです。こんなレールにまつわる話をいくつか紹介していきます。

新しいものと交換され、レールとしての役目を終えた古いものが、ホームの屋根を支える柱やホームとホームをつなぐ跨線橋《こせんきょう》の柱、そして駅を囲む柵などとして再利用されていることをご存じでしょうか。飯田線に架かっている橋について調べているときにそのことを知った私は、二〇二二年の晩秋、一番身近な駅であった城西《しろにし》駅で探してみると、確かにそれがありました。これまでまったく気付きませんでしたが、道路に面した柵が古いレールでつくられていたのです。

古いレール

一人、感動に浸ったあと、大嵐《おおぞれ》駅へ向かうために待ち合わせをしていた神川さんとともに水窪《みさくぼ》駅でも探してみました。すぐには見つからず、二人でキョロキョロと探していると、やはり柵の

作業坑（支保工）

古いレールで造られた水窪駅の柵

ところから、「ありました！」という神川さんの声が聞こえてきました。そして、「宝探しみたいですね」と。

実は、私も同じことを思っていました。古いレールの再利用例を発見した私たちは、高揚した気分のまま電車に乗り、目的地の大嵐駅へと向かいました。

まずは、大原トンネルの掘削《くっさく》時にズリ（トンネル工事で掘り出される岩石、土砂）を出したと言われている作業坑へ向かいました。ここでは、トンネルが崩れないように支えている「支保工」に古いレールが使われているというのです。かつて見たときには気付かなかったのですが、夏焼第一隧道（旧栃ケ岳隧道）と夏焼第二隧道（旧夏焼隧道）の間にその支保工が残っているというので、久しぶりに夏焼第一隧道に入りました。手掘りのゴツゴツさに懐かしさを感じながら歩いていると、神川さんが、「あっ！　手掘りの部分とコンクリートの部分は声の響きが違いますね！　手掘りのほうはエコーがかかってる」と言ったので、私も確かめてみると、「あっ！　本当ですね」と、思わず声を出してしまいました。

そんな会話をしながら夏焼第一隧道を抜けると、左手に作業坑がありました。尻込みする神川さんをよそ目に、私はレールらしきものに近づいて「古いレールだ」と確認して、再び夏焼第一隧道を通って、「貴重なものだ」と言われる皇紀レールを探すために大嵐《おおぞれ》駅のホームに戻りました。

一八七二（明治五）年、日本最初の鉄道が「新橋－横浜間」で走ったときに使われたレールはイギリス製でした。その後、他国製も輸入されて敷設されていったわけですが、一九〇一（明治三四）年、ようやく官営八幡製鉄所（北九州市）で国産レールの生産がはじまります。

先に述べた「皇紀レール」の「皇紀」とは、初代天皇とされる神武天皇が即位したと伝わる年を元年とした紀年法のことで、一八七二（明治五）年に明治政府が公式に採用したものです。刻印が「皇紀」となっているレールは、皇紀二六〇一年から皇紀二六〇八年（一九四一年～一九四八年）まで製造されました。全国的に現存しているものは少ないのですが、それが大嵐駅にあるというのです。

幸いにも、ホームの真ん中あたり、刻印されたレールが柱として使われているのをすぐに見つけました。もちろん、「２６０７」という数字もしっかりと確認できました。

家に帰ってから数字前後の刻印について調べてみたところ、「30A Ⓢ 2607 IIIII OH」の「30A」は三〇キロという重さを表し、「Ⓢ」は官営八幡製鉄所のマーク、「2607 IIIII」は皇紀二六〇七

火の見櫓

大嵐駅の柱となった皇紀レール

年六月、そして「ＯＨ」は平炉を意味することが分かりました。

たった一本の古いレールを前にして一喜一憂しているおばさん二人、周りの人が見たら怪訝な表情をすることでしょう。でも、大丈夫！　ホームには、ほかの利用者はいませんでした。いかにも飯田線らしい光景です。でも、トンネルとトンネルに挟まれた大嵐駅、一度は降りて、見ていただきたいところです。

さらに、上市場駅《かみいちば》（佐久間町）の近くに立っている火の見櫓にも古いレールが使われていることを神川さんに教えてもらったので、年が明けてから訪ねてみることにしました。

上市場駅は無人駅です。熊野神社へ続く参道の途中を線路が二分しているため、鳥居をくぐってホームに入っていくことになります。上り線の次の駅は出馬駅《いずんま》ですが、この区間は飯田線における最短距離となります。上市場《かみいちば》駅と出馬《いずんま》駅の間を流れる相川に架かる第四相川橋梁を渡ると、あっという間に出馬駅に到着します。ちなみに、沢上橋からは第四相川橋梁を渡る飯田線が間近に見られるという、「撮り鉄」のスポットとなっています。

火の見櫓は、第四相川橋梁と並行して架かる沢上橋を渡ったすぐ先に立っていました。上市場駅から歩いていくと、南西の方向になります。古いレールに、アメリカ製だと分かる刻印が確認できました。火の見櫓に上るための梯子に古いレールが使用されることは多いようですが、櫓そのものに使うという事例は少なく、「貴重だ」ということで他県からも見学に来る人がいるようです。

地元の元消防団員に尋ねると、そんなことは知らなかったようです。佐久間町の各地区では、浜松市に合併した二〇〇五年の少しあとまで、火の見櫓に上って、火災時や火災予防週間に半鐘を鳴らしていました。

さらに探索は続きます。飯田駅や豊橋駅にも欧米製の古いレールが残っているという情報をもとに、今度は豊橋駅で探してみることにしました。

豊橋駅には、名鉄線と飯田線が隣り合わせとなっているホームがあります。この日は二〇二三年四月八日、神川さんとともに「秘境駅号」に乗る日でしたので一緒に探しましたが、無人駅で探すのとは大きく違ってホームには大勢の人がいます。怪しい人だと思われないように、気を配りながら探しました。

幸い、ホームの名鉄側の柱に、古いレールの刻印をすぐに見つけることができました。いざ、それを写真に収めるとき、頭をひねってしまいました。数字やアルファベットが刻まれていることは確かなのですが、塗料が厚く塗られていたため、何と書かれているのか分からなかったのです。

後日（二〇二三年五月四日）、「ディスカバー飯田線号」に乗った際には、飯田駅でも古いレールの刻印を見つけています。豊橋駅と同じく、こちらも文字が不鮮明で、数字やアルファベットは読み取れませんでした。

二〇二四年が明けてから、古いレールについての資料を新たに入手しました。「古きレールの異業種転生」（大町パルク、二〇二三年）という同人誌で、さまざまな古いレールの転用例が取り上げられていたのです。もちろん、上市場駅の火の見櫓も紹介されていました。

知らないものがたくさんありましたが、私にとって新鮮だったのは、神戸市立王子動物園のゾウ舎檻柵と姫路市立動物園の旧ゾウ舎檻柵です。そして、一番驚いたのが、古いレールを使った「水制工」が中部天竜駅の北側にあるということでした。しかし、「水制工」と言われても分かりません。早速、調べてみることにしました。

水制工とは、川の流れが急なところに設置されており、川岸が削られるのを防ぐためのものだそうです。またまた新しい発見でした。季節はちょうど冬、草が枯れているので探し物には最適です。

二〇二四年二月、私は城西《しろにし》駅から飯田線に乗って探しに出掛けました。目星をつけて、天竜川橋梁を渡っている車窓から見ると、進行方向の右下に、それらしきものが見えました。中部天竜駅から見えたあたりまでは歩くことになりますが、その途中にある三信鉄道の慰霊碑に手を合わせることにしました。慰霊碑の裏側に回ってみると、犠牲になった方々の名前のなかに朝鮮の方の名前がたくさん刻まれていました。

目当ての水制工の近くまで来ましたが、河原には枯れ草がたくさんあります。道路から撮影すると、構造物の全体像は分かりますが、それがレールでつくられていることは分かりません。河原まで下りていくのには、枯れ草の茂みが深くてかなりの勇気がいります。天気がいいせいか、散歩をしている人も時折通ります。

しばらくの間、躊躇していましたが、河原に下りやすい回り道を発見したので、怪しいおばさんは意を決して河原に下り、古いレールでできた水制工を間近で確認することに成功しました!

「CAMMELL SHEFFIELD」

レールのなかに刻印も見つけました。先ほどの資料にはほかの刻印も記載されていましたが、

水制工としての働きを現在もしているのかどうかが分からない廃墟のようなこの構造物はやはり不気味です。もう十分と判断して、その場を離れました。

　こうして無事に水制工を確認し、撮影したあとに神川さんに報告すると、「これ、対岸から見たことあります。あの島みたいに見える、モシャモシャしたものは何かなと思っていました！」という返事でした。

水制工にある「CAMMELL SHEFFIELD」の刻印

　さすが、神川さんです。今まで、私はその存在にさえ気付いていませんでした。帰りの列車の時間まで少し余裕がありましたが、私は中部天竜駅に戻ることにしました。待合室よりもホームのほうが陽が当たって暖かそうなので、ホームのベンチに座って列車を待つことにしたのです。

　ホームに入って、はたと気付きました。「灯台下暗し」とは、まさにこのことです。飯田駅や豊橋駅で探した、古いレールを使ったホームの柱が何本もここに立っていたのです。「30 Ⓢ 1936 II」という刻印もはっきり見えます。何ということでしょう。

　中部天竜駅での停車時間が長い列車もありますので、飯田線に乗られた際には、ぜひホームに下りて、ご覧になっていただきたいです。

帰りの車内で、「飯田線観光スポット写真展　長野県×JR東海　共同企画」という吊り広告が目に入りました。「写真展、どこ⁉」と思って矢印の先を見ると、扉の上に、飯田市、駒ヶ根市などの市町村で撮られた美しい風景のポスターが貼られていました。「城西駅‐中部天竜駅」という短い往復乗車でしたが、飯田線に乗って出掛けていってよかったと思える一日でした。

飯田線の各駅で柱などを真剣に見入っているおばさんがいたら、たぶん私たちでしょう。さすがの鉄道ファンも、ここまで調べている人は少ないように思えます。駅で私たちを見かけたら、「変な人」と思わないで、温かい目で見守ってください。何といっても、私たちは飯田線の旅をより楽しんでいただくためにこのような行動をし、本に紹介しているのですから。

実は、このレールの話には後日談があります。ホームの柱として古いレールが転用されていることを「三遠南信 Biz」の「私たちの飯田線」（二〇二三年三月号）で紹介させていただいたのですが、そのことを友人に話したところ、その友人から二〇二四年三月に連絡が入りました。「今、NHKのニュースで、ホームのレールを使った柱のことを話してたけど、これ、前に記事に書いたって言ってたことじゃない？」

急いでJR東海のホームページのニュースリリースを確認してみると、「在来線 レール造のプラットホーム上家の耐震補強について」が発表されていました。駅の地震対策として、三島、富士、掛川、豊橋、安城、大垣の駅舎の耐震化や天井脱落防止対策が、二〇二四年三月から翌年の三月まで順次進められていくようです。補強の工法例も図面で紹介されていましたが、現在の状態で見られるのは今のうちのようです。今回の補強は、一日の利用客数が一万人以上の駅が対象となっているため、飯田線の中部天竜駅や飯田駅、大嵐《おおぞれ》駅はまだまだ大丈夫なようです。

鉄分補給

「鉄分補給」と聞いて、何を思い浮かべますか？　おそらく、大抵の人は「貧血だから鉄分を摂らなきゃいけない話」と思われるでしょう。あるいは、次のように推察されるかもしれません。

「うん、分かるぞ。ここで取り上げる以上、レールの話だ」

「鉄分補給！鉄道ファンの〝推し路線〟」というテレビ番組が二〇二四年三月（四月に再放送）にＮＨＫで放送されましたので、それを見た人であれば、鉄道ファンにとっての「鉄分」であると思われたことでしょう。

残念ですが、ここでは、人間ではなく鹿の鉄分補給に関する話となります。

知る人ぞ知るという事実なのですが、鹿が線路に出てくるのは、川に水を飲みに行こうと山から下りてくる際の通り道というわけではなく、鉄分を補給するために来ているというのです。

線路の周辺にはレールと車輪の摩擦によって生じた鉄粉が散らばっているため、身体に必要な鉄分を求めて鹿が線路に侵入するという調査や研究結果が出ています。調査したのは、ＪＲ東海とその対策資材を考えている建材会社です。

鹿が出没するのは一八時から明朝六時までで、明け方には山に帰っていきます。暗闇のなかで、レールとその周りに口をつけ、鉄を舐めている様子がカメラに映っていました。賢くて学習能力のある鹿、「ここに好物がある」と知ったら忘れないと言います。歯の老化を感じた鹿が鉄分を補給に来ているのかもしれません。また、「出産シーズンになると、雌鹿が線路間にいるような感じがする」と話す車掌さんもいました。

真夜中、検測車の走る時間帯では、普段いない場所で鹿が群れていたり、踏切で待っていたりもするそうです。そして、「警笛吹鳴は逆に立ち止まることが多いが、手を拍手のように叩くと逃げていく」という話も聞きました。

もちろん、飯田線にかぎらず、ほかのローカル線でも線路に鹿がいて立ち往生する、あるいは鹿と列車が衝突してしまったためにダイヤが乱れるといったことが少なくありません。以前、秘境駅号に乗った際、三河川合駅の通過時に次のようなアナウンスを聞いたことがあります。

「夜の飯田線では、鹿と猪による夢の共演が繰り広げられるナイトサファリがほぼ毎日お楽しみいただけますが、閑散地域のため、その時間はお客さまがまったく乗車していないこともあり、開店休業状態が続いております」

ユーモア感たっぷりのアナウンス、聞くほうは楽しめましたが、列車の運転士さんや車掌さんは実際のところ緊張の連続なのでしょう。別の日に乗った秘境駅号では、乗務員紹介の際に「鹿と戯れるのが好き」と言っていた車掌さんがいましたが、これはジョークだったようです。

「よく踏切待ちをしている鹿の群れが見られる」と神川さんが言う「早瀬踏切」で、鹿が描かれている交通標識を見つけました。この標識は黄色地に黒で鹿が描かれており、下り列車の「鹿徐行」開始地点を示すものだそうです。反対の上り方向から見ると、徐行解除となるので、黄色の標識の裏側は緑色になっています。そういえば、秋に乗車したディスカバー号では、次のようなアナウンスがありました。

早瀬踏切

「ご案内します。列車は早瀬駅と下川合駅の間を走っております。このあたりは、鹿や猪などの野生動物が多く出没する、飯田線ナイトサファリの中心エリアです。今年の日本は、ＷＢＣ、バスケットボールやラグビー、バレーボールとスポーツの話題で何度も盛り上がりましたが、鹿さんの世界にもその影響が及んでいるようで、線路のそばを全力疾走している鹿さんをよく見かけ、そのたびに乗務員はいつも肝を冷やしております」

現実問題として、列車に鹿が衝突して撤去せねばならない場面が多々あるため、撤去訓練用の備品として鹿のぬいぐるみも存在します。とはいえ、撤去できる鹿の大きさはかぎられると思われます。大きい鹿になると、とても一人では動かせないでしょう。

飯田線ではありませんが、JR東海の他の路線において、ブレーキが間に合わずに雄鹿と衝突してしまった際に車両点検に向かうと、その衝突地点で、「目を光らせた雄鹿が立っていた」という話も聞きました。雄鹿の威力、相当なものであると想像できます。

最近では、列車と鹿の接触事故の抑制を狙った忌避音発生装置、鉄製の柵、鹿が嫌う臭いの液体散布など、さまざまな対策が試行されています。しかし、全国のあちらこちらで、鹿にかぎらず、猪、猿、熊などの出没回数が増えており、その範囲が広がっているとも言われています。

このような獣害を逆手にとった「ナイトジャングルトレイン」という臨時列車を、東北の三陸鉄道では二〇二二年から走らせています。盛岡市の動物園「ZOOMO」と協力して、列車から夜間の鹿を間近で観察するという企画となっており、好評だということです。

動物たちの断りもなく山を崩し、開発をしてきたのは人間です。今さら言えることではないですが、乗務員および乗客の安全を保ちながら動物たちと共存できる環境設定が望まれます。できることならば、これ以上の環境破壊は避けたいものです。野生の動物たちだけでなく、山そのものが「泣いている」ように思えてなりません。

双頭レール

（太田朋子）

古いレールについて調べているうちに、「双頭レール」というものを知りました。皇紀レールも貴重なレールですが、双頭レールもかなり貴重なものです。

二〇二一年度産業遺産学会の「推薦産業遺産」に認定された「兵庫県立歴史博物館所蔵」の双頭レールの説明は以下のようになっています。

双頭レールは鉄道黎明期のみに使用された特殊なレールです。双頭レールは上下両端とも丸く、レールが擦り減った場合には上下を反転させて使用することが可能でした。

※通常の鉄道レールは上側（車輪に接する側）が丸く、下側（枕木に接する側）が平らになっている。

双頭レールの使用は、日本で最初に開業した新橋－横浜間（明治五年（一八七二）開業）と、大阪－神戸間（明治七年（一八七四）開業）に限られ、明治一〇年（一八七七）開業の京都－大阪間ではもはや双頭レールは用いられず、通常の平底レールが用いられました。双頭レールはわが国の鉄道黎明期のみに用いられた、記念碑ともいえるレールなのです。（漢数字に変換）

兵庫県立歴史博物館に所蔵されている二つの双頭レールのうち、イギリス・ダーリントン社で一八七〇年に製造されたレールは、一八七四（明治七）年に開業した「大阪駅－神戸駅」間の鉄道（現在のＪＲ東海道線）で使用されたと書かれていますが、鉄道用レールとしての役目を終えたあと、かつて大阪市中央区高麗橋にあった「旧三越大阪店」（一九一七年建設）の基礎柱の代用鋼材としても使用されました。

同デパートの建設時には第一次世界大戦の影響で鋼材の輸入が滞り、このようなレールが再利用されたとのことです。古いレール、しかも貴重な双頭レールが鉄道関連以外のデパートに使用されていたとは驚きです。なお、一八八〇（明治一三）年に開業した「大津駅－京都駅」間には鋼製（STEEL）の双頭レールが採用されています。

双頭レールは、前掲した説明にあったように、本来は摩耗したら上下を反転させて使用していたということですが、実際には不具合があったため、撤去されて建築資材に転用されたようです。わずかですが、双頭レールは各地に残っています。とりわけ、ＪＲ山陰本線の米子駅のホームを覆う屋根の骨組みとして現存していることが有名です。残念ながら、飯田線にはないようです。

「新橋駅－横浜駅」間に日本最初の鉄道が開通した際に造られた「六郷川橋梁（多摩川橋梁）」は、日本で初めて鉄道の橋梁として架設された木製のトラス構造でした。一八七七年、木材の腐食が進んだことから、複線化工事とあわせて鉄製のトラス橋になりました。

この二代目橋梁の一部が「博物館明治村」（愛知県犬山市）に移築されています。明治村では、双頭レールも旧状にならって敷設されています。一九八八年四月一四日、明治村に移築された際、「六郷川橋梁移築竣工記念品」として、そのときに敷設した双頭レール（一八七五年、イギリス・ダーリントン社製）をカットして、文鎮として配布されました（次ページの写真参照）。レールをカットし、記念品の文鎮にすることがよくあったようです。

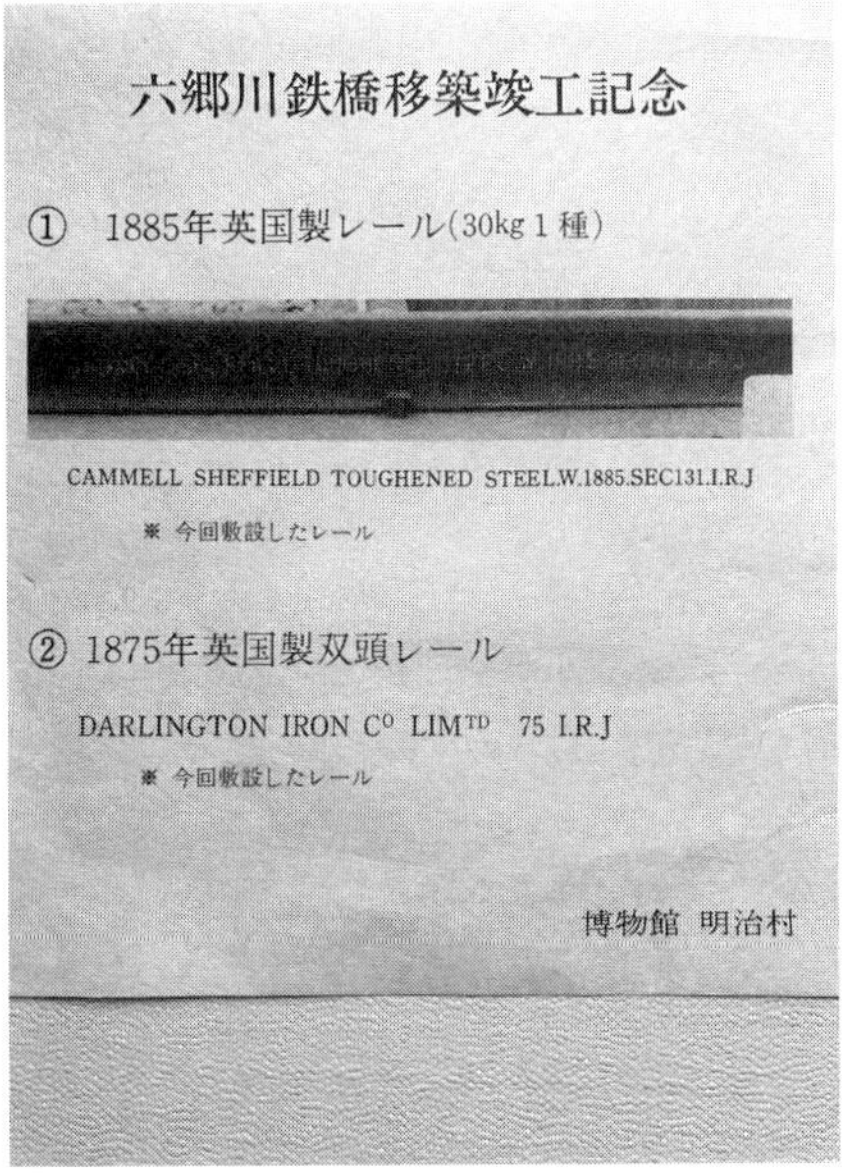

六郷川鉄橋移築竣工記念の説明書

なお、前著『飯田線ものがたり』の執筆時に訪ねたときには目に留まらなかったのですが、二〇二四年一月に「リニア・鉄道館」を訪れたときに双頭レールの展示を見つけました。それは、一八七三年につくられたイギリス・ダーリントン社製のもので、旧日本石油加工株式会社柏崎工場において貨物専用のレールとして保管されていたものでした。

リニア・鉄道館の双頭レール

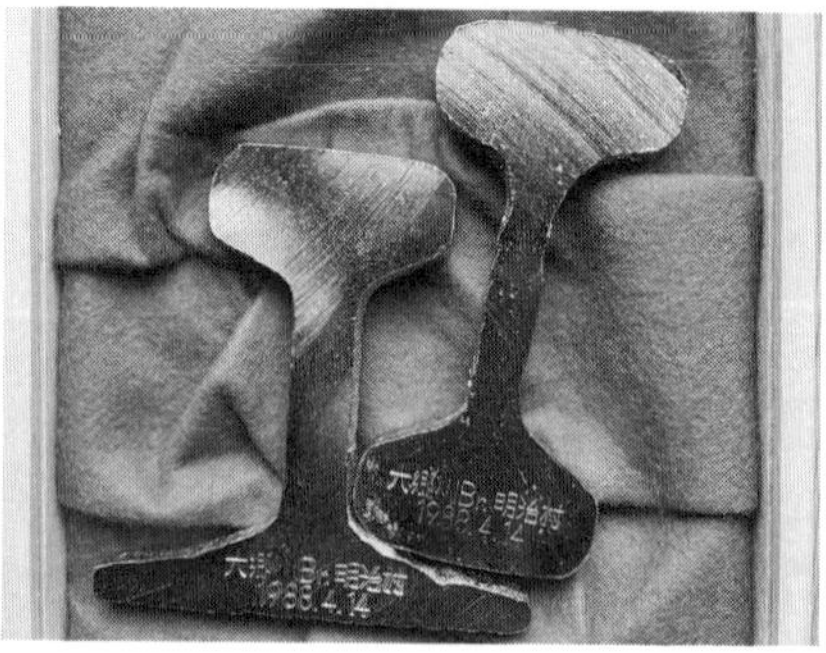

文鎮

「駅そば」と「駅弁」を探して

（神川靖子）

冬旅行の楽しみといえば温泉です。飯田線の沿線にもたくさんの温泉があります。前著『飯田線ものがたり』（一〇六ページ）では湯谷温泉駅について詳しく紹介しましたが、このあたりにあった郵便局にも、三二ページのコラムで紹介した風景印がありましたので紹介しておきます。板敷川が描かれた湯谷簡易郵便局の風景印、すばらしいものですが、あいにくと現在、郵便局は一時閉鎖中となっています。

さて、もう一つの鉄道旅の楽しみといえば駅弁です。誰しも、旅行に行く際には何を食べようかと、心のなかで考えているのではないでしょうか。さらにもう一つ、「駅そば」の存在を忘れるわけにはいきません。「蕎麦といったら信州」と思われるでしょうが、私が飯田線を利用した際に食べた一番古い蕎麦の思い出といえば、豊橋駅にある「駅そば」です。小学生のころ、母に連れられて豊橋市の眼科に通っていました。その際、駅構内にある「駅そば」に立ち寄っていたのです。

板敷川が描かれた湯谷簡易郵便局の風景印

電車から降りると、お客さんを誘いこむように、何ともいえない出汁の香りが漂ってきました。母はこの店を「立ち食い蕎麦」と呼んで、ここでの食事を楽しみにしていたのです。今、思い返すと、遠くの街まで電車賃を使って通院をしなければならない環境にあったわけですから、食事代を安く、手軽にすませたかったのかもしれません。しかし、母は今でも「豊橋の立ち食い蕎麦はおいしかったね」と言っていますので、心底気に入っていたようです。

店は、母の呼び名どおり、駅でよく見かける立ち食い形式のスタイルです。蕎麦かうどんかを選択して注文すると、あっという間にできあがってきます。その提供時間の短いこと！　子ども心にも、その手際のよさに驚いたものです。駅の構内にある「駅そば」は、忙しい通勤者や旅行者にとってとても便利なもので、日本が誇る「ファーストフードの元祖」と言っても過言ではないでしょう。

さて、子ども時代の私であればカウンターに届かないはずです。どのようにして食べたのかは覚えていませんが、刻まれたネギと油揚げを好きなだけトッピングできたことが喜びとして記憶に残っています。

お店の名前は「壺屋」です。壺屋には、「駅そば」の営業だけではなく、駅弁にもいくつかのラインナップがあります。とくに、主力となっている「稲荷寿司」は、「ヤマサのちくわ」（一一二ページ参照）と並ぶ豊橋土産として私のなかではカウントされています。

そういえば、現在、豊橋駅以外の飯田線の駅構内において、特有の掛け紙をかけた駅弁の姿を見かけたことがありません。長野県では「伊那谷駅弁」という会社が駅弁や駅そばを販売していたそうですが、すでに閉業しているようです。さらに、キヨスクも次々と飯田線の駅から姿を消しています。

飯田線のような長いローカル線にとっては駅弁や駅そばが旅情感をくすぐるアイテムだと思うのですが、見かけなくなってしまったというのは寂しいかぎりです。飯田線の沿線では、それらはすっかり消えてしまったのでしょうか。もしかしたら、豊橋駅の「壺屋」がターゲットにしているのは東海道本線の利用者だけなのでしょうか。いてもたってもいられなくなった私は、豊橋駅の「壺屋」に向かうことにしました。

しかし、その前に予習です。「壺屋」のホームページをのぞいてみると、以下のようなことが分かりました。

――壺屋は旧東海道船町の豊橋付近で豊川を上下する船頭旅人を相手に船の積み荷の取り扱いをする回漕問屋と料理旅館を経営していたこと。一八八八（明治二一）年に国鉄東海道本線が開業する直前に旧東海道筋がさびれてしまうのを見越して豊橋駅前に移転されたということ。商売に対しての先見の明があったのでしょう。そして、翌年の明治二二年、豊橋構内での営業を承認されたということです。（ホームページを参照して要約しました）

ホームページのなかに掲載されている一枚の白黒写真に目が留まりました。窓を開けている乗客を相手に、ホームから弁当を販売している人の姿です。そういえば、電車の窓が開いたこと、その開け方も私はしっかりと覚えています。八〇歳になる母の世代では、飯田線の車内やホームからの弁当の販売があり、「窓からお金を渡して買ったことがある」と言っています。この話を聞いて思い出せたのは、ポリ茶瓶の存在です。きっと私も、子どものころには駅弁の販売風景を見ていたのでしょう。

豊橋行きの電車に乗るとセンチメンタルとノスタルジックな気持ちが入り混じった気持ちになるのですが、子どものころから青春時代までを静岡県の山間の町で過ごした私にとっては、豊橋の街へ行くというのは「特別なお出掛け」だったのでしょう。飯田線という存在は、私にとって、不思議なくらい「思い出」へと誘ってくれる路線なのです。

豊橋駅にある「壺屋」の店舗

助六鮨と飯田線秘境駅弁当

列車に揺られて豊橋駅に着きました。昭和の時代、私の子ども時代の構内を頭に描きながらたどっていきます。当時、改札があったほうに歩いていくと、そこは行き止まりの壁になっていました。思い出の「壺屋」はこのあたりにあったはずです。東海道本線のホームに渡るために上った広い階段には、現在、二階にある改札口へ向かうエスカレーターが設置されています。

それを上りきった正面に、ひと際目立つオレンジ色の外観、そこに現在の「壺屋」がありました。中に入って、券売機で食べたい蕎麦のチケットを買って店員さんに渡すと、さすがの速さで蕎麦が出てきました。あのころとは違って、刻みネギも油揚げも初めから載せられています。リュックを背負ったまま、懐かしい蕎麦をたいらげて店を出ました。

ふと見ると、お店の並びに駅弁の販売所がありました。蕎麦を食べて満足したのですが、その一つが視界に入り、手に取ってしまいました。販売員の女性に向かって、「これは、まさしく飯田線の駅弁ですよね」と、ガッツポーズをしながら尋ねました。すると販売員の女性が、「そうです、飯田線秘境駅弁当ですよ！」と言って、笑ってくれました。

コラム
飯田線こぼれ話

ざざむし

（太田朋子）

長野県上伊那地域の天竜川に伝わる冬の風物詩として、「ざざむし漁」の「虫踏み」があります。「ざざむし」というのは、川底にある石の下に潜むカワゲラ、トビゲラ、ヘビトンボなどといった幼虫の総称です。「ザーザー」と水が流れる浅瀬に生息することからその名が付いたと言われています。毎年12月1日に漁が解禁され、網と鍬を手にした漁師が天竜川に入り、2月末まで行われます。この漁で捕ったざざむしを佃煮にしたものが、伊那谷地域の珍味となっています。

「天竜川上流漁業協同組合　虫踏許可証」のある漁師だけが漁をすることができます。鍬で石を掘り返し、足を使って石を転がすと、「四《よつ》手《で》網《あみ》」と呼ばれる網にざざむしが入るという仕組みになっています。

この時期、サナギになる前のため、脂肪を十分蓄えています。とくに、水温が4度くらいまでに下がってきた年末から年始にかけてのざざむしが、「脂が乗って一番おいしい」と言われています。水温が低いため、川臭さの原因となる藻などをざざむしが食べないため、冬のほうがおいしいということです。伊那谷では、昔から貴重なたんぱく源として、ざざむしのほか、イナゴ、蜂の子などが食されてきました。

映画『秘境駅清掃人』（次ページから参照）を制作した太田信吾監督には、『エディブル　リバー』（2022年）という作品があります。漁師が高齢化し、川の護岸工事によってさらに漁が難しくなってきたという現状のなか、上伊那農業高校の生徒が、ざざむしを食べやすく「ふりかけ」にするという取り組みをドキュメンタリー映画にしたものです。

さざむし（左）とイナゴ（右）見た目はともかく、おいしい！

9.4キロの「さわやかウォーキング」（137ページ）に参加した神川さんと私、疲れを感じることなく歩き通せたのは、前夜に食した昆虫のおかげかもしれません。

映画『秘境駅清掃人』

（神川靖子）

寒い冬、早朝にもかかわらず駅を掃除しているボランティアの方を見かけると頭が下がる思いがします。駅の清掃活動というと、みなさんはどのような光景を思い浮かべますか？　清掃されている方々の多くは、地域への貢献やコミュニケーションを目的としていると思われるのですがいかがでしょうか。

私は、それとは少し違った清掃活動をする青年に出会いました。

ＪＲ飯田線の小和田《こわだ》駅。一人の青年によるここでの清掃活動が、頻繁にメディアに取り上げられるようになっています。そして、彼にクローズアップした『秘境駅清掃人』という映画が制作されています。私は、映画監督の太田信吾さんや主人公である高橋祐太さんとの出会いによって、どのような目的をもった人々が秘境駅を訪れるのか、そして秘境駅に惹かれる理由について、彼らの活動を通してみなさんと考えてみたいと思いました。

まずは、全国で「秘境駅ランキング三位」という飯田線の小さな駅、小和田駅が全国的に知られたエピソードから紹介していきたいと思います。

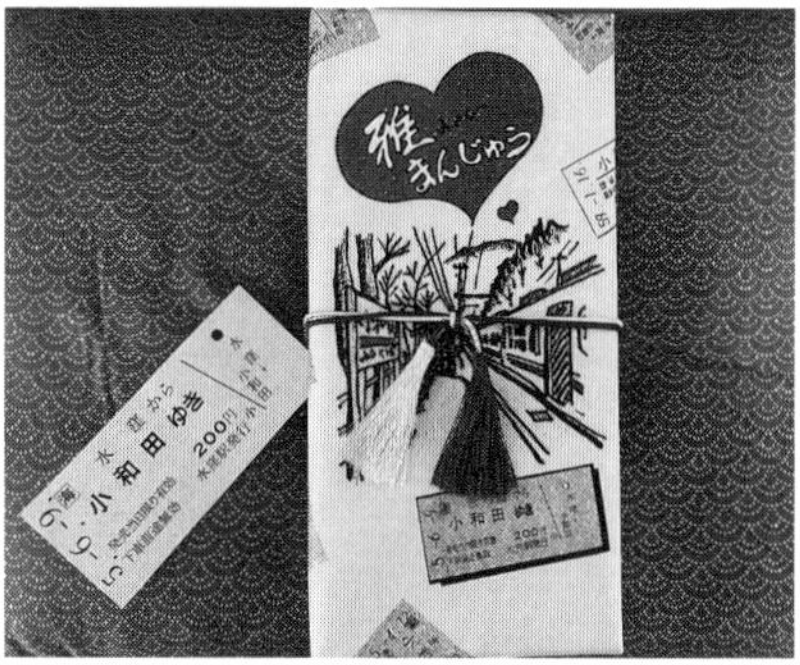

小松屋製菓と雅まんじゅう

一九九三年――小和田発ラブストーリー

「秘境駅」として人気の高いJR飯田線の駅といえば小和田駅となりますが、これまでにもっとも脚光を浴びたのは、一九九三（平成五）年、当時の皇太子妃となる小和田《おわだ》雅子さまがご成婚されたときです。駅のほうの読み方は「こわだ駅」ですから、正確に言えば読み方が違うわけですが、この駅名はこのときの慶事にあやかって全国に広まりました。SNSが普及していなかった時代のことですから、数々のメディアが取り上げる形で話題になったわけです。

当時、有人駅であった水窪《みさくぼ》駅（小和田駅の二つ南側）では、二〇〇円の硬券切符が「恋愛成就のお守り」として多くの人に買い求められました。また、水窪名物の「栃《とち》」を使ったお菓子で人気のある「小松屋製菓」では、十二単《じゅうにひとえ》のように何色かの餡を層に重ねた「雅《みやび》まんじゅう」が販売され、注文が途絶えなかったということです。

このようにして、水窪町（現浜松市）では町を挙げて小和田駅を盛り上げ、同年六月六日には「小和田《こわだ》発ラブストーリー」と題した次のようなイベントを開催しています。

小和田駅にて結婚式を挙げるカップルを全国に向けて募集し、四五組の応募のなかから選ばれた一組が、十二単姿で結婚式を挙げました。驚くことに、電車でしか行けない駅に天竜杉を運び入れて拝殿を造るという、本格的かつ大掛かりな企画がなされたのです。

車で乗り入れることができない秘境駅に天竜杉を運びこむというのは容易なことではありません。対岸の塩沢集落付近から鉄索で木材を渡し、そのあとは徒歩で駅まで運びました。さらに、電車に道具や材料を積んで運んだということです。

JRの協力なしでは成し遂げられなかったイベントであったと思います。JRとしてもこの期間の経済効果は大きく、『飯田線百年ものがたり』（監修：東海旅客鉄道株式会社飯田支店、新葉社、二〇〇五年）によると、JR水窪駅では、オレンジカードや切符の売り上げが約五五〇〇万円に上ったとのことです。

六月六日の結婚式当日は特別臨時電車「花嫁号」が走りましたが、乗車率は二〇〇パーセントを超え、マスコミや見物人など、およそ一〇〇〇人の利用客が小和田駅に降りました。この「花嫁号」につけられたヘッドマークは、現在も小和田駅の駅舎に掲げられています。実は、このヘッドマークに描かれた絵に色を塗ったという思い出を、旧水窪町役場の職員（当時）が懐かしそ

パレード

臨時列車「花嫁号」
（提供：浜松市水窪文化会館）

うに話してくれました。

結婚式を挙げたお二人は、赤いオープンカーに乗って水窪の町をパレードし、町民へのお披露目となりました。水窪町に生まれた私は、この日のことをよく覚えています。パレードの際、私自身がその沿道で旗を振っていたわけですから当然です。

二〇二四年の現在も、駅舎にはここで結婚式を挙げられたお二人の写真が飾られています。しかし、三〇年という歳月を経て、無人駅に置かれた写真やイベント時の名残を示すものはすっかり色褪せてしまいました。

また、二〇一四（平成二六）年までは飯田線を利用して小和田駅で降りる郵便配達員について話題になったこともありますが、今はこの駅を訪れることはありません。小和田駅を最寄り駅とする最後のお宅も空き家となっています。[1] イベントの盛り上がりの跡が寂れた印象を与えてしまう小和田駅ですが、現在も「秘境駅」としての人気はあり、相変わらず何もないこの駅で降りる人を見かけます。

前著『飯田線ものがたり』の執筆中、私は小和田《こわだ》駅を通して「秘境駅」について考えてみたいと思っていました。そこに訪れる人が何に惹かれているのかを知りたかったのです。しかし、その答えは簡単に出せませんでした。木造の駅舎に置かれたノートに綴られた文章をじっくり読んでみたりもしましたが、はっきりと言葉にすることが私にはできませんでした。

そして、実際に「塩沢集落」までの道のりを歩いて独りになったとき、「自分の感情に出合った」と紹介したことで小和田駅の紹介ページを終えています。

秘境駅を清掃する青年

秘境駅を訪れたという人に「どうして秘境駅に行ったのですか?」と尋ねると、ほとんどが「行ってみたかったから」と答えます。そんななかで、「清掃をしに行くんですよ」と答えたのが、映画『秘境駅清掃人』の主人公である高橋祐太さん。彼と知り合ってから、「なぜ、人は秘境駅に惹かれるのか?」ということよりも、「なぜ、彼は秘境駅を清掃するのか?」ということばかりを考えるようになりました。

まずは、映画『秘境駅清掃人』(本章のトビラ参照)の主人公である高橋祐太さんがどのような人物なのかを、映画のパンフレットから引用しておきましょう。

愛知県半田市で車の部品製造の仕事をしている高橋祐太さん（28）は趣味のロードバイクの輪行に訪れた長野県天龍村の秘境駅や山道が過疎で倒木や杉の枝などで荒廃している様子を目の当たりにする。彼は乗り降りがしやすいキックボードに乗り換え、秘境駅とその周囲の山道を月一回ボランティアで清掃するプロジェクトを始める。彼の清掃活動はやがて地域の人から注目を集め、秘境駅間（小和田→中井侍）を利用したトレイルライドの企画や観光列車の実現に向けて動き出す。

掃除する高橋さんを撮影する太田監督

小和田駅を中心に、秘境駅や近隣の山道を対象に清掃ボランティアをしている彼の姿は目に留まりやすく、トレードマークとなっている帽子をかぶり、リュックサックと清掃道具を肩に担いでいます。その姿、車内ではひと際目立つものとなっていましたが、高橋さんの恰好も存在も、すっかり秘境駅に馴染んできました。「高橋さんに会ってみたい」と言って、車窓から小和田駅をのぞきこむ人がいるほど知られた存在となっています。

（1）列車を利用しての配達は水窪《みさくぼ》駅から大嵐《おおぞれ》駅までとなっています。大嵐駅から塩沢集落までは、大嵐駅でオートバイに乗り換えて配達を行っています。

2023年に購入した切符

平日は愛知県半田市で暮らしている高橋さん、週末になると約四時間かけて小和田《こわだ》駅にやって来るのですが、彼の頭のなかには、まるで時刻表が記憶されているかのように感じてしまいます。そもそも輪行を趣味としていた彼らしい行動とも言えますが、オートバイを沿線の駐車場に置き、電車と併用することで運行数が少ない飯田線を上手に利用しています。

そのような彼に対して、「いっそ、仕事を辞めて近くに住んだらどうですか？」と言った人がいましたが、それに対して高橋さんは次のように答えていました。

「それでは楽しくないですよ。平日に仕事をして、時間や費用をかけてこの場所にやって来ることが楽しみなんです」

秘境駅にやって来る多くの人は、日常から離れた場所に自分を置くこと、そこに意味があるのかもしれません。ただ、高橋さんの場合は少し違うように感じています。高橋さんのSNSの投稿のなかに、二〇二三年に購入した切符をすべて並べた写真がありました。印象的だったのはそのコメントです。半田市から小和田駅まで、自分を安全に運んでくれる電車への気持ちが次のような言葉で書かれていました。

「小和田駅へ無事着くだけで、感動感謝」

何か大切なことを忘れていたようで、胸を突かれた思いがしました。

清掃アイテムのラジコン

彼のＳＮＳの投稿には動画もあります。枯葉に埋もれた道の清掃や、崩れた岩を撤去したあとに本来の道が見えてくる光景が映し出されると、なぜか私の心までが整っていくような気持ちになってきます。彼の清掃道具のなかで気になるものが一つありました。それはパワーショベルのラジコンです。このラジコンが実際に奮闘している様子を見たことがありますが、聞くところによると、バッテリーは三〇分しかもたないようで、枯葉を運ぼうにも、大した量は運べていないようです。

「このラジコンは、どんな役割をしているのですか？」と、私は彼に質問をしたことがあります。

「単純に自分が楽をしたいからですよ」と、彼は笑いながら答えてくれました。

ラジコンのパワーショベル

自分の代わりにラジコンが働いてくれるというわけですが、実際に持ち上げてみると、かなり重量のあるラジコンです。これに加えて、交換用のバッテリーの重量を考えると、荷物として持ち運ぶ負荷や作業効率に比べると割に合わないと思いましたが……。

「これは、きっと高橋さんの遊び心なのでしょうね」とつぶやいたのは太田朋子さんです。思わず、私はうなずいてしまいましたが、ふと、トム・ハンクス出演の『キャスト・アウェイ』（二〇〇〇年）という映画を思い出してしまいました。

『キャスト・アウェイ』という映画は、航空事故によって無人島に漂着した主人公の心理的な変化を描いたものです。仕事に追われる日常から一転して、主人公は自然や孤独との闘いに直面します。そのなかで、人間の本質や生きる意味に触れることになります。

無人島にたった一人で取り残された主人公が、バレーボールの「ウィルソン」を友人とし、四年間、バレーボールに語りかけながら生活をします。島からの脱出を試みた際、荒れた海でウィルソンが海に投げ出されてしまうのですが、自らが溺れそうになりながらも必死になってウィルソンを助けようとするシーンがあります。よく考えてみれば、ウィルソンはバレーボールでしかありません。一瞬、主人公の行動に笑ってしまったものの、すぐに切なさが押し寄せてきました。

私は、高橋さんにとって、ラジコンはウィルソンの役割をしているのではないかと勝手に想像を膨らましていました。ただ、高橋さんが『キャスト・アウェイ』の主人公と違うところは、自らが好んで孤独な活動を選んでいるという点です。前述したように、彼はSNSで自分の活動を撮影し、多くの人々に語り掛けています。外界と切断された秘境駅の夜を、彼は孤独感満載で過ごしているのでしょう。太田信吾監督は、自身のSNSで「孤独」について次のように語っています。

ネガティブなイメージと結びつきやすい**孤独**という言葉ですが、自閉症の主人公・髙橋祐太さんがボランティアでたったひとり、山間過疎地の雄大な自然のなか、清掃に励む日々に付き合わせていただき、そんな印象は感じませんでした。むしろ孤独になにかに没頭することの意義深さを感じたのです。

高橋さんの投稿のなかにも気になる言葉がありました。

天気が良かったので、自然を求めて愛知県と静岡県を行ったり来たりで約一七〇キロ走りました！　夜間の食事と寝床を自分一人で過ごして、日中のご飯と休憩をお店に頼り複数人で過ごすと、「独りの時間」と「一緒にいるひととき」のバランスがすごくいい感じです！

沿線の飲食店を中心にさまざまな人と知り合いになっていく高橋さん、道を掃除する理由として、「トレイルラン」というマラソンコースをつくることや観光列車を走らせることをイメージしています。

彼が秘境駅での清掃の魅力について語るとき、「沿線の人が声をかけて応援してくれることで頑張れます」と言っていますが、これはまさに、マラソンランナーが感じる心情に似ています。もしかしたら、高橋さんには、掃除しているときにこそ、自分の目標について応援してくれる人々の声援が聞こえているのかもしれません。

さて、太田信吾監督は二〇二三年に『秘境駅清掃人』のパイロット版（試作版のＶＴＲ）をすでに上映しておりますが、二〇二五年に向けて、飯田線の歴史や魅力をさらに盛りこみ、長編を制作しているとのことです。映画の撮影、制作の途中で、太田監督も飯田線の魅力に魅せられていったのでしょう。

私自身も、まったく同じです。たとえば、以下で書きましたように、太田監督の活動に参加させていただいたこと、撮影に同行できたことなどから、飯田線のことをさらに知りたくなっていきました。

もはや「橋」とは呼べない高瀬橋

天竜川を舟で下る体験

二〇二三（令和五）年五月、私は太田監督の紹介で、小和田《こわだ》駅近くの天竜川にボートを浮かべ、大嵐《おおぞれ》駅付近まで川を下っていくというプロジェクトに参加する機会を得ました。この日は、あいにくと小雨が降り続いていましたが、それでもボートに乗りこむと、陸からとは違って見える景色に心が躍っていました。

まずは川辺の出航場所から、上流にある高瀬橋を目指します。すでに廃橋となっている吊り橋ですから、危険防止のため「通行禁止」の表示が掛けられており、陸地からは行けません。つまり、橋を確認することはできないのです。

高瀬橋は小和田駅から歩いて三〇分ほどの場所にあり、天竜川の支流となる高瀬川を挟んで、長野県と静岡県に分かれています。両岸は、それぞれ「信州高瀬」、「遠州高瀬」と呼ばれており、その間に架かる橋道として利用されていました。

舟から見上げた高瀬橋は、すっかり朽ちていました。雨が上がった湖面は薄い霧に包まれ、ワイヤーだけが山と山の間にぶら下がっているような状態でしたが、その橋は、廃墟物がもっとも美しく見えるのではないかという神秘的な光景を醸しだしていました。

かつて小和田駅にあった三県境界標（現在は中部天竜駅で保管されている）

ここで方向を変えて、舟は下流に向かいます。両岸には緑豊かな山々が広がっています。一緒に乗船した二十代の若い男性が野鳥や昆虫に詳しいようで、鳴き声を聞いては、すぐさま鳥の名前を教えてくれました。大自然の真ん中、そして天竜川の真ん中にいると思うと、小和田《こわだ》駅よりもいっそう三県の分岐地点にいるような気持ちになれました。そう、小和田駅は、静岡県、長野県、愛知県という「三県境界駅」としても有名なのです。

静岡県浜松市水窪《みさくぼ》に位置する小和田駅ですが、駅を利用していた人は、大嵐《おおぞれ》駅と同じく、天竜川を挟んで対岸の愛知県の住民だということです。そもそもこの辺りは、旧富山村の「佐太集落」で暮らす人が主だったということですが、鉄道が敷かれると同時に駅の構内に保線区の宿舎やお店ができたようで、静岡県側も賑やかになったとのことです。

「駅付近に小沢屋さんというお店があって、子どもたちがお菓子を買いに行ったよ」というエピソードを、住んでいた人から聞きました。当時は、小和田駅から一時間ほど山を登った「塩沢集落」の隣の集落に、水窪小学校の分校となる「門谷《かどだに》分校」がありました。子どもたちが庭のごとく山道を駆け下りていく姿を想像してしまうわけですが、小和田駅から「塩沢集落」まで歩いて登ってみると約一時間かかりましたので、かなり大変な距離です。

水窪では、分校に通っていた山深い地域の出身者を「奥の衆」と称しています。実は、八〇歳になる私の母も「奥の衆」の一人ですが、「奥の衆は足が丈夫だね」と、周囲の人たちからほめてもらっています。確かに、高齢者でも足が丈夫な人が多いのですが、それも、今では想像もつかないくらいの山道を歩いていたからでしょう。

そんな「奥の衆」も、佐久間ダムの建設によって付け替え線の水窪駅が開業するまでは、水窪小学校の本校の子どもたちよりも身近に鉄道が利用できる環境にあったわけです。

一九五六（昭和三一）年に完成した佐久間ダムの建設のため、小和田駅の対岸にあった佐太集落はダム湖に沈んでしまうという運命となりました。鉄道やダムの影響で水運の役割は失われ、それに伴って、住民の暮らしや住まいも大きく変化し、周辺の世帯数も年々減少していったわけです。炭やお茶などの物資を天竜川で運んでいた舟の姿はすでに見られません。それだけに、舟で川を下るという体験は、歴史や自然に触れられる貴重な機会となりました。

山の中で朽ちていく門谷分校

とはいえ、この日に私が乗ったのは、高瀬橋が見える場所までの往復です。天候不良などが事情で、小和田駅から大嵐《おおぞれ》駅まで川下りができたのは、太田信吾監督、高橋祐太さん、自家製ソーラーボートの制作をするかのうさちあさんの三名でした。(2)

両駅の間には、あの「門谷川橋梁《かどだにがわ》」があります。一九三七(昭和一二)年七月六日、門谷川橋梁の上で南北のレールがつながりました(三五ページを参照)。この橋は、天竜川からでないと見ることができません。私にはそれだけがとても心残りでした。またの機会に、ぜひ挑戦したいと思っています。

母親の心情と蝶が消える廃村

小和田《こわだ》駅に残された「飯田線組」は五名、飯田線を利用して下流側にある大嵐駅で「舟下り組」と合流します。飯田線組の五名のうち、私を含めて三名が女性です。そのなかには、高橋祐太さんの母親である高橋明美さんがいました。明美さんは、飯田線の「秘境駅ツアー」などにも積極的に参加して、ご自身も楽しんでいらっしゃるとのことです。

とても親しみやすく、昔からの知り合いであるかのように感じる女性でした。しかし、私には、明美さんと知り合えたことで心が痛くなってしまうことが一つ生まれてしまいました。小和田駅の周辺にかかわらず、事故のニュースを聞くたびに、明美さんの顔が思い浮かんでくるようになってしまったのです。祐太さんの安全を心配すると同時に、お母さまの気持ちまで考えてしまう

放置されたミゼット

ようになってしまいました。

山間部には野生動物が多く生息していますし、近頃は全国で熊が出没しているというニュースも耳にします。もちろん、崖崩れや転落なども心配です。飯田線組の私たちは、川辺から小和田駅までの狭い道を一列になって歩いていましたが、この日は天気が悪くて、製茶工場などの廃墟の近くを歩いていると、仲間と一緒でも寂しさがこみあげてきました。

かつては庭であったと思われる場所には枯れ果てた植物が残っており、人々が暮らしていた痕跡がうかがえます。晴れた日と雨の日では廃墟の印象も大きく変わるでしょうが、それ以上に、昼と夜ではもっと違うでしょう。日中は明るい光が差しこんで、廃墟や放置されたミゼット（ダイハツの車）に興味を惹かれますが、夜になると暗闇に包まれて、恐ろしくなるのではないでしょうか。

そんなことを思いながら私は歩きました。そして、明美さんの立場になって考えてしまいました。息子が、自分の意志で「夜の秘境駅で清掃活動をする」と聞いたら、心配でたまらないと思います。

（2）本名は加納知之さん。太田監督の映画に出演しています。https://tdff-neoneo.com/lineup/lineup-4049/

それでも明美さんは、息子さんの活動を尊重しようとして、秘境駅まで足を運んだのでしょう。彼女自身の不安感を乗り越えて、息子さんのやりたいことを応援するために……。素晴らしい母親の本能ではないでしょうか。(3)

舟に乗っているときに野鳥の名前を教えてくださった男性のおかげで、飯田線沿線に棲むさまざまな生物にも興味が湧くようになりました。そういえば、この日、彼が言った次のひと言が印象に残っています。

「かつて人が住んでいた場所、つまり廃村から蝶が消えるみたいですよ」

人がいなくなると生物は豊かになるというイメージがあるのですが、いったいどうしてでしょうか。もちろん、生態系に理由があるのでしょうが、「人間と共存したい蝶の物語」として捉えると、何とも言えない切なさと愛しさがあります。蝶は、生きるために違う場所を選んでいったのでしょう。

この話を聞いた私、思わず辺りを見回していました。もしかしたら、小和田《こわだ》駅からも蝶がいなくなっているのかもしれません。仮に小和田駅から蝶が消えていたとして、高橋さんが清掃活動を続けていくことで蝶は戻って来るのでしょうか。もし、私が小和田駅で蝶を見かけたら、きっと誰かに伝えたくなるでしょう。一番に浮かんだ人は、言うまでもなく高橋明美さんでした。

こうしたさまざまな気持ちの発見は、私が飯田線にかかわっていたからこそ得たものだと思っています。そして、飯田線が本当に「人と人をつないでいる」と感じた背景には、太田監督との「ご縁」がありました。

太田信吾監督と『飯田線ものがたり』のご縁

太田信吾監督と初めて出会った季節は冬、雪の小和田駅でした。彼は映画監督として、俳優として、多くの作品を手がけています。そのような太田監督とのご縁のはじまりは、彼から送られてきた私へのメールでした。その内容は「飯田線の情報を集めたい」ということでしたので、私は「自分の知っていることや感じたことならばすべてお渡ししたい」と返信し、喜んでこの依頼に応じたのです。これがきっかけとなり、撮影現場に参加できるという機会に恵まれることになりました。

(3) 私は『野球母ちゃん』(共著、新評論、二〇一八年)という本も書いていますが、そこで学んだ母親のこうした気持ちには、心が反応してしまうのです。

雪の日の小和田駅

太田信吾監督の映画は、私にとっては未知の領域となります。残念ながら、これまで太田監督の作品を観たことがないのですが、インターネットで調べて、いくつかの映画の紹介を目にしました。太田監督が描く作品は、人々に深い考察を与えるだけでなく、終わったあとも心に韻が響くようなメッセージをもっているのではないかと感じるものが多く、映画『秘境駅清掃人』についての関心がいっそう深まりました。

飯田線沿線の人々や風景に寄り添いながら、太田監督はどのようにこの映画をつくりあげていくのか……。その過程を目の当たりにすることは、飯田線を紹介する私にとっても貴重な体験となるのです。

ところが、それだけではありませんでした。会ってお話するまではお互いに知らなかったことですが、彼とのご縁には前著『飯田線ものがたり』にまつわることがあったのです。

二〇一六年、合唱劇カネトの水窪《みさくぼ》公演を開催した太田朋子さんと私が『飯田線ものがたり』を執筆するきっかけになったのは、長野放送局が制作したドキュメンタリー番組「心のレールをつないで　川村カネトと飯田線誕生物語」という番組の映像を、本書の出版元である新評論の武市一幸さんが探していたことからはじまります。その経緯については『飯田線ものがたり』で詳しく紹介していますが、このドキュメンタリー番組がなければ『飯田線ものがたり』という本は生まれなかったでしょう。

『飯田線ものがたり』を出版したあと、私たちは伊那市で開催された「伊那 Valley 映画祭」でその番組のプロデューサーを務めた太田耕司さんにお目にかかることができました。

私は、太田監督への自己紹介を含めて執筆の経緯について説明したとき、彼の口から思いもよらない言葉を聞くことになったのです。歩きながら話していた太田監督が急に立ち止まって、真っすぐ私のほうを見ました。

「……太田耕司は私の叔父ですよ」

何ということでしょう！　足が凍り付きそうな雪のホームで太田耕司さんと太田信吾監督の親族関係を知り、寒さからではない身震いをしてしまいました。

映画『秘境駅清掃人』の上映会

二〇二三年の暮れ、私は『秘境駅清掃人』のパイロット版（試作版のＶＴＲ）を観るために、太田朋子さんとともに「アクトシティ浜松」に向かいました。四五階建ての超高層ビル「アクトタワー」が目印となり、ＪＲ浜松駅から迷うことなくアクセスできます。

少し早く到着した私たちは、ロビーで開場を待つことにしました。そこで太田監督とプロデューサーの竹中香子さんに挨拶を交わし、お二人とともに会場に入りました。遠慮もなく前のほう

浜松のランドマーク的存在「アクトタワー」

の席に着いたとき、主人公である高橋祐太さんが現れました。秘境駅で見るいつもどおりのいで立ちなのですが、何と、高橋さんは清掃道具も担いでいました。

映画に映し出される飯田線沿線の風景は、監督自らがドローンで撮影したものです。映像には、緑豊かな山々、天竜川、そして飯田線の姿が映しだされていました。その光景に見入り、自分の瞳孔が開き、頬のあたりが緩んでいくのを感じました。それらは、沿線に生まれ育った者にとっては心に深く刻まれた愛着に迫る風景です。太田監督は、見事にそれをカメラに捉えてくれていたのです。

高橋さんの物語は、半田市での日常と、秘境駅での非日常の対比によって、彼自身の変化が描きだされていました。高橋さんが飯田線に乗り、徐々に異空間へと移動していく姿、大自然のパノラマをキックボード(4)で駆け抜ける高橋さんの姿、何かから解き放たれたような躍動感にあふれたものでした。

高橋祐太さん（左）と太田信吾監督のトークショー

飯田線に引き寄せられる

上映会に参加された観客のなかには、『飯田線ものがたり』の執筆にかかわってくださった人や、飯田線に関係する人がたくさん見られました。アイヌ民族の測量技師であった川村カ子トと一緒に仕事をされた竹内留吉の孫にあたる竹内雅明さんも、奥様とともにいらっしゃっていました。

竹内雅明さんは日本画家として活躍されています。「歴史と民話の郷会館」（浜松市天竜区佐久間町）の舞台に使用されている

（4）『秘境駅清掃人』のパイロット版は、二〇二四年七月（二六日、二七日、二八日）に「伊那Valley 映画祭」で上映されます。二六日には、上映終了後に太田監督のトーク「伊那谷への思い」が開催される予定となっています。

映画祭のパンフレット（2024年７月）

緞帳は、竹内さんが故郷の山々を描いた『青山』という名作です。私たちは、二〇一六年、『合唱劇カネト』の水窪《みさくぼ》公演を開催しましたが、その二年後、二〇一八年には『合唱劇カネト』の佐久間公演を浜松市がこの会場で開催しています。会場に竹内雅明さんの作品があることも、長い時間を超えて結ばれた奇跡的なご縁だと思っています。

先に紹介した「伊那Valley映画祭」で司会役を務められた高柳俊男教授（法政大学教授）も、『秘境駅清掃人』の上映会場にいらっしゃいました。高柳教授は、朝鮮近現代史の権威です。上映後は豊橋市での予定があるとのことで、かぎられた時間でしたが、久しぶりにお話ができたのは歓びでした。

高柳教授は三遠南信の歴史や文化に深い関心をもっておられ、三遠南信地域の人々からも尊敬されています。この日も、飯田線の建設に従事した朝鮮人労働者たちの苦難や抵抗、そして日本人との交流について興味深いお話をしてくださいました。飯田線の沿線について知りたいことが尽きない、と改めて実感してしまいました。

太田信吾監督の映画や高橋祐太さんの活動について私自身の感想を書き連ねてしまいましたが、太田監督がこの映画を通してどのようなメッセージを投げかけたのかは、本書が出版されたあとに明らかになるでしょう。読者のみなさんと同じく、私たちもこの映画の完成を楽しみにしています。

そういえば、上映会場には、小和田《こわだ》駅にある神社の清掃活動をしている若者や塩沢集落に住んでいた方のお孫さんも来場されていました。このような方たちがこの映画をどのように受け取ったのかについても知りたいと思っています。

先にも書いたように、太田監督は飯田線について追加取材を重ね、長編版を作成するということです。飯田線というのは、かかわった瞬間から何かを伝えたいと、飯田線自らが発信しているように思えてなりません。なぜなら、世代も時間も超えて会うべく人、そして「モノ・コト」にめぐり合わせてくれるからです。

北海道へ——川村カ子トがつないだレールに乗って

（神川靖子）

何度か述べましたが、二〇一六年、太田さんの呼びかけによって『合唱劇カネト』の水窪《みさくぼ》公演を開催しました。そして、私が川村カ子トを知ってから八年が経ちました。それ以後、太田さんと二人で飯田線に魅せられて歩き続けた沿線の旅——私は、太田さん、新評論の武市さん、そして執筆にかかわってくださったすべての人のおかげで人生観が大きく変わっていきました。しかし、所詮はオバ鉄！　今回も拙い筆に反省することばかりです。

特急「すずらん」

『飯田線ものがたり』からはじまった私たちの旅ですが、今回の「締めくくり」として二人で選んだ場所は、やはり「川村カ子ト」、北海道です。

北海道でも、もちろん鉄道で移動をし、特急「カムイ」や「ライラック」に乗りました。そして特急「すずらん」に乗ったときには、「宗谷」との追い越し追われの並走という珍しい体験をしました。

当然のことですが、駅弁を買い、お得な切符を調

川村カ子トアイヌ記念館
〒070-0825 北海道旭川市北門町11丁目　TEL：0166-51-2461

べるということもしました。これまでの自分であったら、このような鉄道の楽しみ方を知ることはなかったでしょう。ここでも、さまざまなオバ鉄の珍道中がありましたが、その詳細はみなさんのご想像にお任せします！

二〇二四年五月七日、私は太田さんとともに、旭川にある「川村カ子トアイヌ記念館」を訪ねました。同館は昨年の七月にリニューアルし、カ子トの孫にあたる川村晴道さんが父親の兼一さんの跡を継いで館長を務められています。「川村カ子トアイヌ記念館」は、一〇〇年以上の歴史がある日本最古のアイヌ文化資料館です。アイヌの歴史を学べる展示はもちろん、川村カ子トに関するコーナーもあります。分かっていることとはゆえ、北海道に来て「豊橋」や「辰野」など、よく知る駅名標が見られるというのは不思議な感覚です。この日はあいにくの雨で、大雪山を眺められなかったのが心残りでしたが、カ子トに近づけた感激に

ウポポイ　〒059-0902 北海道白老郡白老町若草町２－３　TEL：0144-82-3914

ウポポイにある川村カ子トの展示コーナー

勝るものはありません。

翌日の八日には、白老町《しらおいちょう》にある民族共生象徴空間「ウポポイ」を訪ねました。立派な国立博物館のなかにもカ子トの紹介があり、飯田線だけでなく国の鉄道史においても大きな功績を残したことが分かります。

「ウポポイ」の最寄り駅となっているＪＲ白老駅の近くに機関車が展示されていました。広大な北の大地で、カ子トが初めて見た大きな鉄の塊。少年は鉄道をつくる夢を抱いて成長し、そして困難や差別に立ち向かい、飯田線敷設工事の成功にかかわったのです。地域の文化の象徴とも言える飯田線は、工事史上の「傑作」と言えるでしょう。と同時に、人間の価値を強く訴えているようにも感じます。

カ子トのトランシット（測量器械）から見えたのは、人間の心の角度でもあるように思えてなりません。人が踏み入れることがなかった道なき道の風景をたどる旅は、尽きることない私たちの「心の風景」を見つめる旅となりました。

レールがつなぐ出会い――「あとがき」に代えて

（太田朋子）

前著『飯田線ものがたり』の続編となった本書、いかがだったでしょうか。私たちも、改めて飯田線にまつわる歴史を再認識したとともに、これまで素通りしていたエリアに関するさまざまなことを、今回の取材で知りました。長年にわたって飯田線の沿線に住んでいても、やはり知らないことが多いものです。なんといっても全長一九五・七キロもあるわけですから、二冊目だからこそといって、飯田線のすべてを語れたとは思っていません。だからこそ私たちは、二〇二四年六月になっても取材を続けています。

ドローンで撮影した水窪駅周辺（撮影：正光建設株式会社、高木学）

そんななか、JR東海事業推進部による「飯田線活性化に向けた開発可能性調査、飯田線の過去～現在～未来を知る」という現地調査に同行する幸運に恵まれました。覚えていらっしゃいますか、一七七ページに記したお話の後日談となります。

無人となっている水窪《みさくぼ》駅の駅舎の行く末が気になっていた私たちは、二〇二四年四月一五日と一六日に行われるJR東海の現地調査において、

左から、林さん、中安さん、白水さん、長野さん、田中さん。
（大嵐駅のホーム）

一五日、小和田《こわだ》駅と大嵐《おおぞれ》駅の周辺を案内してほしいという光栄な機会をいただいたのです。まさに、好奇心炸裂の賜物です。

当日、私たちは、「中部天竜駅－佐久間駅」間、そして水窪《みさくぼ》駅の周辺などを案内しました。何と、六時間にもわたって行動をともにしたのですが、それでもまだまだ伝えきれていないと思っていました。そんな私たちの熱すぎる思いを、嫌な顔一つせず、「ガイドと回ると楽しい」と言ってくださったみなさん、本当に優しくて、笑顔が素敵な人たちでした。

当日、調査されたメンバーは、JR東海事業推進本部の田中佑輝さん、長野光太郎さん、Next Commons Lab の林篤志さん、白水雄治さん、中安秀夫さんの五名です。私たちと別れたあと、みなさんは奥三河や飯田方面の視察をされています。視察終了後、早速、社内で飯田線の活性化に向けての検討に入られるとのことでした。

今後、飯田線をめぐってどのように展開するのか、今からとても楽しみです。ひょっとすると、「**そうだ飯田線に乗ろう**」というキャンペーンが繰り広げられるかも、と期待しています。

私個人としては、一九八七年から二〇〇六年まで、春から秋に「豊橋駅－中部天竜駅」間で運転されていたトロッコ列車の復活を願っています。二二ページで紹介した、「麻績《おみ》の里」の最寄り駅となる元善光寺駅の近くに「リニア長野県駅」が予定されていますが、この両駅が何らかの形でつながれば、超高速リニアから超スローなトロッコ列車に乗り換えられるというタイムスリップ的な列車の旅ができるので、「楽しさ倍増」になると思います。

とはいえ、リニアの開通はまだまだ先のことですし、五五ページに書いたように、青崩《あおくずれ》トンネルは貫通しましたが、三遠南信自動車道の全線開通ももう少し先のようです。それまでは、「毎日が観光列車」というキャッチコピーとなっている飯田線を使って、楽しいひとときを過ごしてみたいものです。

それを後押しする見所を一か所だけ簡単に紹介しておきましょう。

長野県中川村にある、「日本の電力王」と言われた福澤桃介《ももすけ》（一八六八～一九三八）が手がけた「南方発電所」です。アールデコ調様式の建物の外観に私は惹かれましたが、実はこの建設の陰には語り継がなければならない歴史があるのです。春に咲く桜も美しく、建物に彩りを添えてくれます。そして、その近くに植えられたイチョウ並木は、秋になると黄金色に輝きます。

南方発電所

少し前、鉄道車両の色と同じファッションコーディネートをSNSに投稿していた女性が話題になっていました。この人は、「着鉄」を楽しみながら鉄道、駅舎、風景、そしてそれにまつわる歴史をたどっていらっしゃいました。NHKで放送されている『六角精児の呑み鉄本線・日本旅』じゃありませんが、沿線にある酒蔵を訪れて地酒を楽しむという「呑み鉄」もいいですね。みなさんも、ご自分の楽しみ方で飯田線に乗ってみてください。

本書を出版するきっかけとなった「三遠南信 Biz　私たちの飯田線」でお世話になっている南信州新聞社の河原俊文さん、イベント列車の楽しみ方などを教えてもらったJR東海の宇土晃央さん、調べても分からないことをお尋ねするといつも丁寧に答えてくれたJR東海の宮戸真さん、そして、今回もカバー写真の撮影を担当してくれたさとうあつこさんをはじめとして、大変多くの方々にご協力をいただきました。

すべての方々のお名前は挙げられませんが、貴重なお話や資料、写真を提供していただきましたみなさま、本当にありがとうございました。また、次々と出てくる情報や原稿に頭を悩ませながらも、根気よくお付き合いいただき、一冊の本に仕上げてくれた株式会社新評論の武市一幸さんにも、この場をお借りしてお礼を申し上げます。

かつて、測量のために、はるか北海道から来訪した川村カ子トがつないだ飯田線に乗って、さまざまなことを追いかけながら今回も多くの人に出会えました。さて未来では、どのような出来事が待ち受けているのでしょうか。

線路は続く、どこまでも。

二〇二四年六月

参考文献一覧

本・論文

・愛知県教育委員会生涯学習課文化財保護室編『愛知県の近代化遺産』愛知県教育委員会生涯学習課文化財保護室、二〇〇五年
・浅野明彦『鉄道考古学を歩く』ＪＴＢパブリッシング、一九九八年
・味岡伸太郎、山本昌男『山頭火を歩く』春夏秋冬叢書、二〇〇三年
・新居町史研究会編『戦争と新居　町民が体験した太平洋戦争』新居町教育委員会、一九九七年
・石田正治『三遠南信産業遺産』春夏秋冬叢書、二〇〇六年
・五十畑弘『橋の大解剖』岩崎書店、二〇一五年
・伊東明書『浦川風土記１』私家版、二〇一三年
・伊東明書『浦川風土記４』私家版、二〇一四年
・ウィリアムズ、アルフレッドほか／名倉有一、名倉和子訳『長野県・満島収容所・捕虜生活と解放の記録』私家版、二〇一三年
・遠州常民文化談話会編『佐久間の民俗』遠州常民文化談話会、二〇一八年
・大町パルク『古きレールの異業種転生』私家版、二〇二三年
・岡本勝之「飯田線第一久頭合トンネル新旧トンネル　ドッキング部分の施工記録」私家版、二〇二一年

・小野田滋「東海道新幹線における土木技術の源流」『土木史研究』講演集、Vol.36、二〇一六年
・小野田滋「戦後鉄道土木史の原点としての飯田線線路付替工事とその意義」『土木史研究』講演集、Vol.37、二〇一七年
・梶川康男「鋼橋移設，既存ストックの有効活用」鋼構造と橋に関するシンポジウム論文報告集、二〇〇六年
・片桐惇詞『回想・飯田線余話』電子書籍、二〇一九年
・北原広子『浪漫のあふれる信州の洋館』信濃毎日新聞社、二〇一三年
・北村皆雄、竹入弘元『井上井月と伊那路をあるく』彩流社、二〇一一年
・佐久間町総務課企画係編『広報さくま　第1巻』佐久間町、一九七八年
・沢田猛『くにざかいの記録』伝統と現代社、一九八一年
・沢田猛『石の肺』技術と人間、一九八五年
・志賀直哉ほか監修『現代日本紀行文学全集　中部日本編』ほるぷ出版、一九六七年
・四国トンネルじん肺訴訟徳島弁護団編『四国トンネルじん肺訴訟』亜紀書房、二〇〇三年
・白井良和『飯田線の60年』郷土出版社、一九九六年
・新編豊川市史編集委員会『新編豊川市史　第3巻　通史編　近代』豊川市、二〇〇七年
・田中武夫「国鉄飯田線（付替線）大原トンネルについて」『土木学会誌』第41巻第8号、一九五六年
・種田山頭火『山頭火全集（第九巻）』春陽堂書店、一九八七年

・東海旅客鉄道株式会社飯田支店監修『飯田線百年ものがたり』新葉社、二〇〇五年
・内藤昌康『火の見櫓慕情』春夏秋冬叢書、二〇〇八年
・日本国有鉄道「飯田線中部天竜大嵐間線路付替工事誌」日本国有鉄道飯田線工事事務所、一九五六年
・原英章「豊川海軍工廠の天竜峡分工場」飯田市歴史研究所年報19、二〇二一年
・馬場俊介「黄柳（つげ）橋の保存・再生へ向けての事前調査」『土木史研究』第12号、一九九二年
・馬場慎一「西天竜幹線水路円筒分水工群　公平な水配分の知恵」『土木学会誌』第93号、二〇〇八年
・復本一郎『井月句集』岩波書店、二〇一二年
・藤田佳久「『豊川海軍工廠』の進出立地及び廃止と豊川市の変容」愛知大学綜合郷土研究所紀要、二〇二〇年
・鳳来町教育委員会編『鳳来町誌　交通史編』愛知県南設楽郡鳳来町、二〇〇三年
・毎日新聞社編『トンネルの一〇〇年　日本の鉄道』毎日新聞社、一九六八年
・三浦基弘『世界の橋　大研究』ＰＨＰ研究所、二〇〇九年
・溝渕利明『見学しよう工事現場2　トンネル』ほるぷ出版、二〇一一年
・山崎才次郎『白き鉢巻』私家版、一九七五年
・山本作兵衛『新装版　画文集　炭鉱に生きる――地の底の人生記録』講談社、二〇二一年
・吉野貞尚『じん肺の歴史』六法出版社、一九九三年
・吉野貞尚・吉野章司『じん肺』中央労働災害防止協会、二〇〇二年

・臨B詰所編『はるか仙境の三信鐵道』私家版、二〇一六年第二版
・和久田雅之『山頭火静岡を行く』羽衣出版有限会社、二〇〇八年

雑誌・パンフレットなど

・『家庭画報』二〇二三年四月号、世界文化社、
・『鉄道ジャーナル』二〇一六年五月号、成美堂出版、
・『鉄道ファン』二〇一四年八月号、一二月号、二〇二一年一二月号、交友社
・『鉄道ピクトリアル』一九九九年一二月号、鉄道図書刊行会
・「飯田線展　三遠南信を結ぶレイルロードヒストリー」桜ヶ丘ミュージアム、二〇〇三年
・「豊川海軍工廠」桜ヶ丘ミュージアム、二〇一一年
・「ガイドブック　豊川海軍――身近にあった戦争を知るために」豊川市平和都市推進協議会、二〇一四年
・「豊川海軍工廠を『伝える』～あの日ここで起きた出来事を未来へ～」豊川市教育委員会、二〇二三年
・広報みさくぼ
・「豊川海軍工廠　各種調査書」国立公文書館、アジア歴史資料センター所蔵

各駅の紹介

説　明	駅　名
日本初の民衆駅。豊橋名産「ヤマサちくわ」直営の「ねりや花でん」。	豊　橋
柵のない超狭いホームを名鉄電車が通過する。スリル満点⁉	船　町
世界で初めて東海道新幹線再生アルミを活用した駅。	下　地
日本一の手筒花火に興奮！　菟足《うたり》神社の風祭り。	小坂井
飯田線初、サポートサービス導入駅。美河ハム直売所にも注目。	牛久保
豊川稲荷の最寄駅。「よび田屋」の繁盛餅、きくらげ入りのわらび餅。	豊　川
砥鹿《とが》神社の最寄駅。	三河一宮
本宮山への登山口。かつて長山遊園地があった。	長　山
豊川《とよがわ》と民家を見渡す駅。川を越える「江島渡」から改名。	江　島
河津桜を「わくぐり桜」と命名。車窓からも見えるわくぐり神社。	東　上
踏切に迫るタイヤの怪獣ゴムラ！　タイヤランドは古城に負けぬ名物。	野田城
「秘境の入り口」秘境駅号停車駅。毎月第４日曜日に軽トラ市。	新　城
桜と渓谷美の共演。三河の嵐山、桜淵公園へ。	東新町
「松風清き茶臼山かね」織田信長の歌碑が残る本陣跡。	茶臼山
設楽原の合戦場。夏は供養の火おんどり。	三河東郷
大団扇と宵の郷に響く念仏、放下の踊りは無形民俗文化財。	大　海
駅名にも歌舞伎にもなった足軽の鳥居強右衛門。	鳥　居
長篠城址史跡保存館は、2024年、開館60周年。	長篠城
田口線の遺構、廃線トンネルの向こうに河津桜。	本長篠
鳳来館。大正時代の銀行がカフェに。服部神社。	三河大野
奥三河の秘密基地「カフェ＆ゲストハウスHoo! Hoo!」	湯谷温泉
そびえ立つ巨岩の迫力。飯田線車掌さんに人気の駅。	三河槙原
奥三河の秘境駅⁉　森の中に佇む駅。	柿　平

JR飯田線の時刻表（直通運行のみ）　（2024年３月16日現在）

旧名鉄道	駅　名	よ　み	下　り			上　り		
豊川鉄道	豊　橋	とよはし	10:42	14:38	16:42	16:16	21:54	22:48
	船　町	ふまなち	レ	14:41	レ	レ	レ	レ
	下　地	しもじ	レ	14:43	レ	レ	レ	レ
	小坂井	こざかい	10:48	14:47	16:48	16:10	21:48	22:42
	牛久保	うしくぼ	10:51	14:51	16:51	16:07	21:45	22:39
	豊　川	とよかわ	10:55	14:55	16:55	16:04	21:42	22:36
	三河一宮	みかわいちのみや	11:00	15:00	17:00	16:00	21:36	22:31
	長　山	ながやま	11:03	15:04	17:04	15:54	21:33	22:28
	江　島	えじま	11:06	15:06	17:06	15:52	21:29	22:26
	東　上	とうじょう	11:09	15:10	17:10	15:49	21:26	22:24
	野田城	のだじょう	11:16	15:14	17:14	15:46	21:23	22:16
	新　城	しんしろ	11:20	15:19	17:21	15:43	21:20	22:13
	東新町	ひがししんまち	11:22	15:21	17:23	15:31	21:14	22:10
	茶臼山	ちゃうすやま	11:24	15:24	17:26	15:29	21:12	22:08
	三河東郷	みかわとうごう	11:27	15:27	17:29	15:27	21:09	22:05
	大　海	おおみ	11:34	15:31	17:33	15:20	21:05	22:01
鳳来寺鉄道	鳥　居	とりい	11:37	15:34	17:36	15:17	21:02	21:58
	長篠城	ながしのじょう	11:40	15:36	17:39	15:14	21:00	21:55
	本長篠	ほんながしの	11:59	15:39	17:43	15:12	20:57	21:53
	三河大野	みかわおおの	12:04	15:44	17:51	15:01	20:50	21:42
	湯谷温泉	ゆやおんせん	12:08	15:48	17:55	14:57	20:47	21:39
	三河槙原	みかわまきはら	12:14	15:51	17:58	14:54	20:43	21:35
	柿　平	かきだいら	12:18	15:55	18:03	14:48	20:40	21:32

説　明	駅　名
三信鉄道の接続駅。清流と奇岩が織りなす絶景！　乳岩峡。	三河川合
池之神社と竜が池の伝説。紫木蓮に立ち止まる。	池　場
花祭りの鬼をモチーフにした駅舎。バスとレンタル電動付自転車で町巡り。	東　栄
スカイツリーと同じ長さ!?　上市場駅とは飯田線最短区間。	出　馬
熊野神社の参道と線路が交差する。古レールの火の見櫓。	上市場
オールディーズな床屋とカフェ！　秘境駅ツアー開催。	浦　川
早瀬避溢《ひいつ》橋に「三信鐵道」の文字。早瀬踏切。	早　瀬
愛知県まで６分！　三遠南信自動車道路のインターチェンジ。	下川合
佐久間ダムの最寄駅。水窪タクシー佐久間営業所あり。	中部天竜
地域に愛される佐久間図書館。郷土資料が充実。	佐久間
2023年版秘境駅ランキング75位。トンネルに挟まれた駅。	相　月
城西郵便局の風景印に描かれるＳ字鉄橋は渡らずの橋。	城　西
戦国の山城、高根城。Ｙ字トンネル。	向市場
塩の道、秋葉街道の要所で栄えた町。特急「伊那路」の停車駅。	水　窪
東京駅を模した駅舎。夏焼集落へ繋がる旧線のトンネル。	大　嵐
木造の駅舎が郷愁を誘う、小説にも描かれた駅。	小和田
銘茶の茶摘み体験が人気。天竜川の眺めが美しい集落。	中井侍
１日１組限定のくつろぎと癒しの山の宿「加満屋」。	伊那小沢
鶯巣～平岡駅間、廃線跡あり。	鶯　巣
駅にあるホテルと温泉！「ふれあいステーション」は観光の拠点。	平　岡
吊り橋から、駅と万古川橋梁を眺める。	為　栗
旅と鉄道がテーマ「ぬくぬく書店」。	温　田
渓谷に佇む秘境駅。駅ノートに書かれた「見所案内」に感動。	田　本
泰阜《やすおか》ダムの最寄り駅。巨大サージタンクの前を飯田線が走る。	門　島

旧名鉄道	駅　名	よ　み	下　り			上　り		
三信鉄道	三河川合	みかわかわい	12:21	16:01	18:06	14:44	20:35	21:27
	池　場	いけば	12:27	16:08	18:12	14:37	20:29	21:21
	東　栄	とうえい	12:31	16:11	18:16	14:35	20:27	21:19
	出　馬	いずんま	12:36	16:16	18:21	14:30	20:21	21:13
	上市場	かみいちば	12:38	16:18	18:23	14:28	20:19	21:11
	浦　川	うらかわ	12:41	16:21	18:29	14:25	20:16	21:09
	早　瀬	はやせ	12:43	16:24	18:32	14:23	20:14	21:06
	下川合	しもかわい	12:45	16:26	18:34	14:21	20:12	21:04
	中部天竜	ちゅうぶてんりゅう	12:50	16:44	18:39	14:17	20:08	21:00
	佐久間	さくま	12:52	16:46	18:42	14:08	20:03	20:57
	相　月	あいづき	12:58	16:52	18:47	14:03	19:58	20:52
	城　西	しろにし	13:01	16:55	18:51	13:59	19:55	20:49
	向市場	むかいちば	13:05	16:59	18:55	13:55	19:51	20:45
	水　窪	みさくぼ	13:08	17:05	18:57	13:53	19:49	20:43
	大　嵐	おおぞれ	13:14	17:11	19:04	13:47	19:39	20:36
	小和田	こわだ	13:19	17:16	19:10	13:42	19:34	20:31
	中井侍	なかいさむらい	13:25	17:22	19:16	13:36	19:29	20:26
	伊那小沢	いなこざわ	13:32	17:25	19:25	13:32	19:25	20:22
	鴬　巣	うぐす	13:35	17:28	19:28	13:29	19:22	20:19
	平　岡	ひらおか	13:39	17:50	19:32	13:25	19:18	20:15
	為　栗	してぐり	13:45	17:56	レ	13:18	19:11	レ
	温　田	ぬくた	13:51	18:02	19:43	13:13	19:06	20:01
	田　本	たもと	13:54	18:05	レ	13:10	19:03	レ
	門　島	かどしま	13:59	18:10	19:53	13:04	18:57	19:53

説　明	駅　名
天竜ライン下りの港駅。列車を俯瞰できる撮影スポットあり。	唐　笠
日本一「ラク」なキャンプ場、「GAKU金野キャンプフィールド」。	金　野
秘境駅から「そらさんぽ」にアクセスできるところ。	千　代
新緑と紅葉の美。「そらさんぽ」の川路側入り口。	天竜峡
桑畑の思い出を残す駅舎と水害に取り組む学習館「かわらんべ」。	川　路
豪快な天竜舟下りが、和船下りとして復活。リバーポート時又。	時　又
南原橋から、鵞流峡に向かう舟を眺める。	駄　科
住人が灯し続けた供養の炎。集落を見守るくよとの桜。	毛　賀
木造駅舎が魅力的！　遺していきたい昭和の洋館。	伊那八幡
一度は体験したい電車と競走、下山ダッシュ!!	下山村
願いかなえてサクラ咲け。乗車券は受験生のお守り。	鼎
喜久水酒造の蔵まつり。「猿庫の泉」を味わう。	切　石
裏界線(路地)は大火の教え。焼肉文化は日本一！	飯　田
桜を感じる駅舎。桜並木も美しい。	桜　町
300年の歴史を誇る伝統人形浄瑠璃「黒田人形舞台」。	伊那上郷
元善光寺と麻績の里。リニア長野県駅に一番近い駅。	元善光寺
松源寺の枝垂れ桜。松岡城址から眺める伊那谷の景色。	下市田
灯ろうが天竜川を流れ、壮麗な花火が伊那谷を轟音で揺るがす明神橋の夏。	市　田
ほたるパーク、人工芝サッカー場(2024年完成予定)。天伯峡でほたる鑑賞。	下　平
ヤマブキで黄色に染まる駅。山吹変電所が佇む夕暮れ。	山　吹
福澤桃介建設南向発電所。渡場のイチョウ並木。タクシーあり。	伊那大島
藤棚のある駅。あい菜果松川産直組合で美味しい果物をゲット！	上片桐
りんご、ぶどう、柿、果樹園が広がる。	伊那田島
大沢信号場は、飯田線唯一の列車交換の信号所。	高遠原

旧名鉄道	駅　名	よ　み	下　り			上　り		
三信鉄道	唐　笠	からかさ	14:04	18:15	19:58	12:59	18:52	19:48
	金　野	きんの	14:08	18:18	レ	12:55	18:49	レ
	千　代	ちよ	14:10	18:21	レ	12:52	18:46	19:44
	天竜峡	てんりゅうきょう	14:17	18:27	20:05	12:50	18:44	19:41
伊那電気鉄道	川　路	かわじ	14:19	18:30	20:08	12:46	18:40	19:38
	時　又	ときまた	14:22	18:37	20:11	12:42	18:37	19:34
	駄　科	だしな	14:26	18:40	20:14	12:39	18:33	19:31
	毛　賀	けが	14:28	18:43	20:17	12:36	18:31	19:29
	伊那八幡	いなやわた	14:31	18:46	20:19	12:34	18:28	19:26
	下山村	しもやまむら	14:34	18:48	20:21	12:29	18:26	19:24
	鼎	かなえ	14:37	18:51	20:24	12:26	18:23	19:22
	切　石	きりいし	14:40	18:55	20:27	12:23	18:20	19:18
	飯　田	いいだ	14:50	19:14	20:31	12:20	18:16	19:14
	桜　町	さくらまち	14:52	19:17	20:34	12:17	18:07	19:11
	伊那上郷	いなかみさと	14:54	19:19	20:36	12:14	18:04	19:08
	元善光寺	もとぜんこうじ	14:59	19:24	20:41	12:10	17:59	19:03
	下市田	しもいちだ	15:02	19:27	20:44	12:07	17:49	19:00
	市　田	いちだ	15:04	19:30	20:47	12:04	17:47	18:57
	下　平	しもだいら	15:08	19:33	20:50	12:01	17:43	18:54
	山　吹	やまぶき	15:10	19:35	20:52	11:59	17:41	18:52
	伊那大島	いなおおしま	15:23	19:42	20:58	11:54	17:36	18:47
	上片桐	かみかたぎり	15:30	19:49	21:06	11:46	17:29	18:40
	伊那田島	いなたじま	15:33	19:52	21:09	11:43	17:26	18:36
	高遠原	たかとおばら	15:42	19:56	21:14	11:39	17:21	18:32

説　明	駅　名
「そば道場ななくぼ」、泊まれるサロン「Muirミューア」。	七久保
小さな駅は、二つのアルプスと梨の白い花に包まれる。	伊那本郷
飯島陣屋の最寄駅。駅前にはシェアスペース「桜咲代(さくらさくよ)」。	飯　島
「アニメ聖地巡礼発祥の地」。自転車イベント「轟天号を追いかけて」。	田　切
必見！　Ωカーブを模写した駅舎。	伊那福岡
目の前は駅ホーム、「みはる食堂」。「茶そばいな垣」のソースかつ丼。	小町屋
木曽駒ヶ岳観光の入り口駅。光前寺のしだれ桜と光苔。	駒ヶ根
アルプスを背にした撮影名所。大田切鉄橋。	大田切
毎年５月に開催ワインまつり。宮田宿にまつわるイベントも。	宮　田
水田の中の駅に佇み、木曽駒ヶ岳、宝剣岳の連なりを眺める。	赤　木
JR線内最大の40パミールの急勾配！	沢　渡
かんてんぱぱガーデン。monterinaモンテリイナ。景色と土地の恵みを堪能。	下　島
新駅前トイレ展望デッキから眺める列車の発着や南・中央アルプス。	伊那市
伊那市駅とともに、高遠城址公園へのアクセス駅。	伊那北
読みは方言。伝説の「不死清水(しんずらしみず)」を探しに堤防沿いの駅で降りる。	田　畑
淡白紅色の花を傘状に咲かせる樹齢260年を超える江戸彼岸桜。	北　殿
駅前から見るケヤキ。鹿頭行列で有名な南宮神社の御神木。	木ノ下
伊那松島運輸区。箕輪町郷土博物館、ED19展示。	伊那松島
軌道線から変更駅。上ノ平城跡からの眺望と一本桜に立ち止まる。	沢
飯田線内、最標高駅！　煉瓦の「めがね橋」は開業当時の面影。	羽　場
荒神山スポーツ公園。ため池100選。桜と機関車。	伊那新町
豊橋から乗車すると、JR東海管轄はこの駅まで。桜並木が美しい。	宮　木
『風の篝火』は、さだまさしが辰野の蛍の乱舞に感動して作曲された。	辰　野
	岡　谷
	上諏訪

旧名鉄道	駅　名	よ　み	下　り			上　り		
伊那電気鉄道	七久保	ななくぼ	15:44	20:00	21:17	11:36	17:19	18:29
	伊那本郷	いなほんごう	15:49	20:04	21:22	11:31	17:14	18:16
	飯　島	いいじま	15:55	20:10	21:27	11:26	17:09	18:10
	田　切	たぎり	15:59	20:14	21:31	11:22	17:03	18:05
	伊那福岡	いなふくおか	16:08	20:19	21:37	11:16	16:58	18:00
	小町屋	こまちや	16:11	20:22	21:40	11:12	16:55	17:54
	駒ヶ根	こまがね	16:21	20:32	21:45	11:09	16:52	17:52
	大田切	おおたぎり	16:24	20:35	21:48	11:04	16:49	17:48
	宮　田	みやだ	16:28	20:38	21:51	11:00	16:45	17:45
	赤　木	あかぎ	16:30	20:41	21:53	10:50	16:43	17:42
	沢　渡	さわんど	16:39	20:45	21:57	10:46	16:39	17:38
	下　島	しもじま	16:41	20:47	21:59	10:43	16:36	17:27
	伊那市	いなし	16:46	20:52	22:04	10:38	16:32	17:22
	伊那北	いなきた	16:49	20:55	22:07	10:35	16:29	17:19
	田　畑	たばた	16:52	20:58	22:10	10:29	16:25	17:15
	北　殿	きたとの	16:55	21:01	22:15	10:26	16:22	17:12
	木ノ下	きのした	16:59	21:04	22:19	10:22	16:18	17:08
	伊那松島	いなまつしま	17:04	21:10	22:22	10:19	16:15	17:05
	沢	さわ	17:08	21:14	22:26	10:11	16:10	17:00
	羽　場	はば	17:11	21:17	22:29	10:08	16:07	16:57
	伊那新町	いなしんまち	17:14	21:20	22:32	10:05	16:04	16:53
	宮　木	みやき	17:17	21:22	22:34	10:02	16:01	16:51
	辰　野	たつの	17:21	21:26	22:43	9:59	15:58	16:47
終着駅および始発駅	岡　谷	おかや	17:33	21:37	22:53	9:45	15:46	16:36
	上諏訪	かみすわ			23:03	9:22		16:26

かつて小和田《こわだ》駅に建てられていた3県境界標

著者紹介

太田朋子（おおた・ともこ）

1963年大阪府箕面市生まれ。父親の転勤により名古屋市へ。結婚後、飯田線沿線の佐久間町に移る。

2016年６月、飯田線の前身となる「三信鉄道」の敷設に貢献したアイヌ民族川村カ子ト氏をテーマにした『合唱劇カネト』の水窪公演実行委員長を務める。

2021年より掛川市に在住。

共著書『飯田線ものがたり』（新評論、2017年）

神川靖子（かみかわ・やすこ）

1969年、飯田線沿線の町、浜松市天竜区水窪町に生まれる。

現在、天竜区龍山町に在住。

2016年合唱劇カネト水窪公演の実行委員の一人として広報担当を務め飯田線沿線地域を取材して歩きSNS等で紹介をした。

共著書『飯田線ものがたり』（新評論、2017年）、『野球母ちゃん』（新評論、2018年）

太田・神川とも、南信州新聞社発行の「三遠南信Biz」にて、コラム「私たちの飯田線」を執筆中。

飯田線に魅せられて
——線路《ものがたり》は続く、どこまでも——

2024年７月31日　初版第１刷発行

著者　太田朋子
　　　神川靖子
発行者　武市一幸

発行所　株式会社　新評論

〒169-0051
東京都新宿区西早稲田３-16-28
http://www.shinhyoron.co.jp

電話　03（3202）7391
FAX　03（3202）5832
振替・00160-1-113487

落丁・乱丁はお取り替えします。

定価はカバーに表示してあります。

印刷　フォレスト
製本　中永製本所
装丁　山田英春
写真　著者
（但し書きのあるものは除く）

ISBN978-4-7948-1271-1